GOBOOKS
& SITAK
GROUP©

你想要的一切，宇宙早已為你預備

Chris Prentiss
克里斯·普倫提斯——著

周玉文——譯

致陶德（Todd）

目錄

一、道路

「完美無所不在，唯獨有心人看得到。」

——岡倉天心（Okakura Tenshin），

日本美學思想家

想要長久保持幸福只有一種方法。很簡單：快樂起來。

當你看到這四個字，可能會冒出以下想法：

「這是什麼蠢話，我開始氣自己買下這本書了。希望後面寫得精彩一點。」

「這也太簡單了吧。」

「作者根本就是失心瘋，居然在胡言亂語。」

「有說等於沒說，到底如何才能變快樂。」

「才沒那麼簡單。」

「根本沒有考慮到被生活中躲不掉的麻煩和困難搞到快爆炸的時刻，更別提那些悲劇時刻了。」

「不可能這樣就變快樂。」

「作者一定是個老頭子。」

這些反應可能都是對的。想要自己比以前任何時候都能保持快樂，其實是非常複雜且有難度的任務。這項任務並不是要你抓到訣竅然後展開行動，而需要你開始摸索方法並留意自己在過程中的諸多發現。不過，我還是會說**你辦得到**。等你讀完這本書，要是你還願意給自己讀到的內容一次實踐的機會，你就能辦到。

帶領你來到當前處境和情況的那一條路，並不是幾天或幾個月就能造成的，而是得耗時多年，既漫長又艱辛的道路。事實上，只要你還活著，就會是一邊前進，一邊形塑自己的模樣。這條路已經帶你走過呱呱墜地以後的這些年，實現你當前的成就，讓你擁有當前的資產，並造就你當前的狀態。**你的人生就是一連串過往決定的產物，它們慢慢雕塑出**

今日的你。

如果你是誰和你擁有什麼都照你想的發展，如果你滿意當前的生活狀況，那真是可喜可賀，請再加把勁做你一向擅長的事，這樣你未來的收穫就會比現在還要多。但是，如果你是誰、你想要什麼、你擁有什麼、你當下的狀態都不如預期或完全不一樣，你就得做出改變，包括基本的改變與內在的改變。如果不做改變，終有一天你會發現，隨著時間一年一年過去，自己不管追求什麼都是白忙一場。

在本書，你可能會讀到許多論述與你相信的、你過往經歷所教導的、其他人所說的、你在成長過程中汲取的精神傳統，甚至是你自己認定的常識背道而馳。這是預料中的事。如果事實並非如此，那就是你早已參透幸福的藝術。

你將會讀到的某些段落看起來就像天方夜譚或愚蠢至極，甚至荒謬可笑，它們可能會在第一時間惹毛你，讓你大肆嘲諷、斥為無稽之談然後拒絕相信。每一次你讀到一段對自己造成影響的論述時，我建議你，在拒絕之前先捫心自問，你是否希望它成為現實，然後給自己一次機會目睹它真實發生。

簡單的問題

「真相總是近在咫尺且觸手可及。」

——鈴木大拙（D. T. Suzuki），日本禪學大師

在你的許可之下，我現在想要帶你超越日常想法和經驗限制。這種新的生活方式始於兩個簡單的問題。

首先，請如實回答以下問題。

「每一件落在我身上的事，絕對都是最美好的事。」

我希望這是真的嗎？

再來，這部分比較困難，請如實回答這個問題：

「我願意給它一次機會嗎？」

想像一下，上帝在這一刻現身眼前並說：「我向你保證，從這一刻起，發生在你身上的每一件事，都會為你帶來最大的好處，也會讓你遇上最大的好運。」

假設上帝繼續說：「即使發生的事有時候看起來是壞事或惡事，最終你的人生都會因為已經發生的一切備受祝福、獲益良多。」

你聽到這個好消息會做何感想？開心嗎？或許滿心喜悅？難道這不是你所能聽到最好的消息嗎？難道你不會大大地鬆一口氣，感覺好像卸下肩上的重擔？難道你不會對接下來發生的事做出反應——即使帶來傷害或是奪走某些東西，再不然就是情況惡化或開始走霉運——彷彿這些事都對你有益，甚至是發生在你身上最好的事？

要是你興趣缺缺地回答「對啊」，那你或許沒搞懂我在講什麼。我不是在講「努力嘗試做到最好」這種老生常談，因為那句話的意思只代表「情況或事件真的糟透了，運氣真的很不好，但你還是得盡力而為，能挽回多少算多少。」我也不是在講「即使是在最壞的情況下，還是有可能發現一點點好處」。

我不是從這種有條件限制的想法出發思考，我的思考不受框架所束縛，每一件落在你身上的事絕對都是最美好的事，其他你能想到的事都無法為你帶來更大的好處。

所以，我再問一次，難道這不是你所能聽到最好的消息嗎？難道你不會大大地鬆一口氣，感覺好像卸下肩上的重擔？難道你不會對接下來發生的事做出反應——即使帶來傷害或是奪走某些東西，再不然就是事情惡化或開始走霉運——彷彿這些事就是發生在你身上最美好的事？

如果你願意給這個全新的觀念一次機會，真心相信發生在你身上的一切，都是最美好的事，你將會開始根據這個信念採取行動，然後自然法則的結果就是，最終你將達成目標。你得花一點時間適應，而且也得專注心智，這是比較困難的部分，不過若考慮到回報：有生之年都在幸福中度過，這個代價算是很小的。

禪

「禪就是……以此時此地為中心的狀態。」

——艾倫．沃茲（Alan Watts），英國哲學家、亞洲哲學詮釋權威

禪本身是一個浩瀚無邊的主題，一本書無法討論透徹，不過我將會探討如何有效善用禪的精髓、方法與態度，去實現我們的幸福目標。

「禪」源自梵語字彙「禪那」（dhyana），原意是「冥想」。禪是一趟探索之旅，也是一種生活方式，本身不屬於任何一門宗教或傳統。

禪是體驗此時此地的生活；是消除「你」與「我」、「主體」與「客體」，以及我們的精神活動與日常活動之間的二元區別；也是洞察、直接體驗與表達個人真實本性。

禪在我們的日常生活中培育出一種自然意識與中心性。正如日本學者暨二十世紀中葉美國禪學頭號代言人鈴木大拙的解讀：「它只是讓我們保持清醒、意識清明。它不教導，但指引方向。」

禪的核心是：

禪是以一種特別專注、一種平靜和簡單的心態去做任何事，這會帶來開悟的體驗，而這種體驗會帶來幸福。

本書討論的幸福禪，是換一種說法去探討幸福的藝術、幸福的本質、幸福的內心遊戲，以及通往幸福的內在道路。

方法對了，幸福就是必然的結局。

瑜珈修行者在努力體驗啟蒙的過程中會花幾十年冥想；修習禪的學生會花好幾年專注公案或禪謎；已經達到目標的開悟者會親身表示，這種體驗往往一閃而過、稍縱即逝，但是力量如此強大，終至永遠改變他們。

這些人究竟體驗到了什麼？**他們與宇宙合而為一**。這就是開悟：知道宇宙之間的萬事萬物都是由同一股能量創造，而且知道我們可以採用什麼方式和它產生連結。一旦他們接收到這種意識，其他一切就會水到渠成，一切皆有其意義，一切都解釋得通。正如日本道元（Dogen）禪師的諄諄教誨：「開悟就是親近萬物」。

本書的目標就是從旁協助你，透過理解某些掌管世界和宇宙最重要的法則，進而參透這些法則如何影響你，好讓你善用資訊獲得幸福，最終為你帶來啟蒙。隨著你將所知所學應用在影響生活的各種情境與事件，這種以禪為特徵的「專注心態」就會開始發揮作用。

從根本去理解宇宙法則以及我們與宇宙的關係而得到的幸福，才是真實的幸福。這種幸福經得起時間考驗，不會隨著條件千變萬化而消逝。它照看我們克服每一道難題、每一次失落、每一場失敗，也照亮我們最美好的時光。

二、我們是每一刻的創作者

「心為法本，心尊心使。」

——《法句經》（*The Dhammapada*）

你在生活中遭遇過的經歷很可能讓你相信兩件事。首先，「發生在我身上的一切，都是最美好的事」根本是胡說八道，不可能是真的；其次，就算只有一部分的論述是基於這個前提寫成的書籍，都不會為你帶來多大好處。你很可能覺得根本沒有嘗試的必要。

不過這是新的一天。我們才剛展開新的世紀和新一輪的一千年，你閱讀本書時可能會發現，此刻正是你接受一個全新信念的時機，它將從這一刻開始祝福你的生活。

我們是每一刻的創作者。

我們是力量強大的個體，透過想法與行動創造自己的未來。我們是掌管生命的機制，透過自己的處世原則來控制與回應生活中的所有事件。

我們每個人都有自己的處世原則，但極少人曾為它下過定義。雖然你可能從未想過自己抱持著什麼原則，但它始終都在你的生活中全力運作並澈底發揮作用。你生活在這個世界裡，它為你打點你相信的一切——你生活的世界；他人和事件；事件和後果如何影響你，以及你如何影響它們。

如果有人問你，一般來說你抱持什麼樣的處世原則，你很可能會說：「人生很美好，好事經常發生，我是個幸運的人，我相信這個世界是很棒的地方，人們也都很善良。」或者你也有可能會說出完全相反的話：「我超倒楣，什麼壞事都被我碰到了，這世界很不友善，每個人都想要占我便宜，他們只是因為另有所圖才接近我。」你可能會相信「莫非定律」（Murphy's law）：凡事只要可能出錯，必然出錯。

許多人都說壞事天天發生，還說不公平的事不光是「可能發生」，簡直是「極可能發生」。他們都說真正的幸福難追尋，而且往往好景不常；他們也說，我們來到這個世界所經歷的大多數時刻，都是在我們想要的事物和我們得到的事物之間苦苦掙扎與不斷妥協。

這是人們普遍相信的現象，因此他們的行動會基於這種信念，而自然法則的產物就是，人們會創造他們相信的結局。然後他們會說：「我早就跟你說過了。」甚至，他們不僅「早就跟『你』說過」，還會對每個人和每件事都這樣說，因此最後真的演變成他們所說的局面。

如果你相信發生在自己身上的事情是壞事，就會採用一種讓自己感覺更不愉快的方式回應這些事件，而這種不愉快彷彿在證明著發生過的事是真正的不幸。然而，造成你持續感到不愉快的，正是你對事件的反應。我們正是花時間在那些表面看起來像是壞事的人，並且有能力讓它們在發生時看起來很糟糕，甚至在事後繼續讓它們看起來很糟糕。正如英國大文豪威廉．莎士比亞（William Shakespeare）睿智的觀察：「無所謂好事壞事，一切皆為一己之念。」

你的處世原則決定你如何回應生活中發生的大大小小事件，它得為你的幸福與身心健康狀態負起全責。儘管你大概會覺得有些難以置信，但你的處世原則也決定什麼事會發生在你身上。它創造了過去的所有情境和你生命中大部分的事件，甚至是那些你相信無法操之在己的事件，而且往後仍將如此。

只要你相信，它就成眞

「以目視目，以耳聽耳，以心復心，若然者，其平也繩，其變也循。古之真人！」

——《莊子》

依照你所相信的事物行動，是造成你的人生境況和所感受到的幸福感的原因。在二〇〇四年一部突破性的電影《當「心靈」遇上「科學」》（What the Bleep Do We Know!?）中，物理學家兼作者佛瑞德・艾倫・沃夫（Fred Alan Wolf）博士觀察：「根本沒有所謂的『客觀現實』，一切都跟發生的事息息相關。」

就以馬克斯的故事為例。馬克斯開了一家生意興隆的三明治店，食客幾乎總是大排長龍，等著入座大飽口福。他免費贈送醃菜、洋芋片，有時候還會提供飲料，他的三明治最出名的地方就是料多到滿出來。

有一天，他住在遠方城市的兒子來探望他。他們共處愉快時光，但是兒子臨走之際對他說：「打從我來到這裡就一直在觀察你如何經營這家三明治小店。為了你好，我得告訴你，你大方贈送這些免錢的額外小點心其實是犯下大錯。全國經濟不景氣，人們因為失業，可以花的錢變少了。如果你不收掉這些免費小點心並減少三明治的分量，很快就會跟著陷入困境。」馬克斯聽得目瞪口呆，但還是謝謝兒子的忠告，並說自己會好好考慮他的建議。

馬克斯在兒子離開後決定聽從他的建議。他不再免費贈送小點心，並減少三明治的內餡分量。沒多久，許多失望的老客人從此不再上門光顧。於是他寫信給兒子：「你說對了！全國經濟糟透了，我的三明治小店正在經歷不景氣帶來的苦果！」

這位兒子在他的生活中所見到的經濟衰退都是真實的。儘管如此，他的父親依舊經營著一家成功的三明治小店。這位父親原本沒有意識到時局艱難，許多人丟了飯碗，裝現金的口袋也變薄了；他慷慨大度地對待每一名客人，也因此得到了這類行動帶來的回報：積極、慷慨、源源不斷的好事。不過就在兒子告訴他全國經濟「委靡不振」後，他開始配合演出，最終就是帶來唯一可能的結果：消極、讓人擔憂、吝嗇小氣的生活經驗，而這種經驗就是他所相信的「客觀現實」。這真的是「客觀現實」嗎？

答案是從來沒有「客觀現實」。所有答案都存在於「你的內心」，**都在你身上，只是等著被發現而已。**

以下是我的個人經驗，它示範了信念的力量如何影響我們的行為以及我們生活中發生的事件。年輕時我三天兩頭就會收到超速罰單，可以說成人生活都在這種開快車吃罰單的模式中度過。我住在加州，一九六八年的某一天，我收到加州機動車輛管理局寄來的通知信，警告我要是再接到一張罰單就要吊銷駕照一年。州政府建議我前往機動車輛管理局辦公室，找其中一位心理師聊聊。在那次會面中，心理師對我收到一大堆超速罰單的事發表了意見。

我防禦性地回答：「每個人都會收到超速罰單啊。」

「並不是，」他告訴我，「一般加州人每四年只會收到一張罰單。」

我驚訝到不行。我當真以為大家都和我一樣時不時就會吃罰單。那次會面以後，我不再吃罰單了。我以前總有一種破壞性心態，而且因為我相信，它就成真。同樣地，**只要你相信，它就成真**。

你就像鐵路轉轍器，每一次只要有事件發生，你就會將心智活動引導向積極或消極的軌道上。即使事件傷害你或是從你身上奪走某樣東西，你依舊得負起將它引導向積極或消極軌道的工作。你決定它的未來結果。

你有沒有遇過一種情況，某件事情剛發生的時候看起來糟到不行，後來卻證明是往好處發展，這種經驗過了幾天、幾週甚至幾年後你還是會這樣說：「那是發生在我身上最美好的事！」每一個接到我拋出這個問題的人都可以回想起幾個這樣的事件。

現在正是依照這些訊息檢視所有事件的時刻。學著此刻就在每一種情況中看見那個完美的真相。訓練你自己在**每個事件發生的當下**就看見它，這樣一來，幸福就會成為你永恆的同伴。你將會省下大把用來感慨和悔恨的時間，因為那些情況最終總是會往對你有益的方向發展。

三、全新體驗

「日日是好日。」

——雲門文偃，禪宗祖師

當你的經歷讓你確定自己原本相信的一切並非如此時，要怎樣轉念？

你可以創造全新的體驗。

創造全新體驗的最佳做法，就是改變自己對發生事件的反應。根據因果自然法則，全新的反應將會創造全新的結果，然後你將因此體驗全新的現實。

你若想達成幸福的目標，請依循以下論述採取行動，並請把它當成真的：「發生在我身上的一切，都是最美好的事。」這件事和一加一等於二一樣，既簡單又不會出錯。

表現得好像發生在你身上的一切，都是最美好的事，加上全新的結果，等於幸福。

當你確信「發生的一切都是最美好的事」這個事實，人生就會開始變得好玩許多，就好像是打開直接通往幸福的通道。

幸福就在前方等著你。你得做的就是依循這個創造它的公式。同樣地，不幸也在前方等著你。你的回應決定自己將會經歷哪一種情感。

讓我舉個例子說明這個原理如何運作。假設你想要開一家咖啡店，預算是十萬美元。如果你的銀行裡存有這筆錢。你會開始上街去尋覓據點並招募員工。你會收到設備報價、查看家具、聯絡招牌訂製商、聯繫供應鏈、安排行程並完成所有準備開店的必要事項。

接下來，想像相反情境，你的銀行戶頭沒有這麼多錢。要是你依照這個事實行動，你將什麼也做不了，只能整天苦惱怎樣籌到這筆錢啟動開店計畫。知道自己口袋空空會讓你一步也踏不出去。

現在，假設你不願意讓這種情形發生，因此表現得就像銀行裡真的有這筆錢，並且實際採取行動。你啟動計畫，完成所有該做的事，然後你猜會發生什麼事？你打造出種種吸金的條件。也許你面試的對象中真有那麼一個人想要和你合夥，也許其中一名供應商想要出錢入股，也許你找到的門市的房東對你有好感或是欣賞你的構想，因此願意參一腳，也許招牌訂製商的姊夫正在尋找投資機會。

有句話能夠說明這種生活方式。那是我從《易經》中學到的智慧：

萬事萬物都會在定好的時間到來。

沒有必要一開始就想著一手掌握整個計畫的所有元素。它們終將水到渠成。唯一的重點是你順著計畫而行，直到天時降臨。你一路向前邁進，好像你真的擁有一筆創始基金，能量因此油然而生，但實際上你不過是啟動一連串引領你邁向成功的事件。你的行動創造「能量漩渦」，為你的冒險計畫吸納所有必要的元素。

實際上，你創業所需的一切早已就定位，正等著你，你唯一需要做的事就是吸納必要的元素。幸福也是這樣。依照發生的任何事都只會為你帶來好處的信念去行動，將為你創造能量漩渦，帶來對你有益的一切事物。那個結果會讓你體驗幸福，然後會向你證明，世間萬物就是這樣運作，而且這終將引領你相信，一切確實是為了你的好處而發生。一旦你明白這一點事實，那一刻你將會如釋重負。

當你逐漸或突然意識到，儘管還是有不愉快的事件或情境陸續發生，但近來大部分時間你都感到愉快，你就會知道自己達到表現得就像「發生的一切都是最美好的事」階段了。

最美好的事

「要是我們真的知道如何生活，還有什麼方式比用微笑開始一天的生活更好呢？……微笑幫助你溫和、體貼地面對這一天。」

——一行禪師（Thich Nhat Hanh）

要在生活中創造全新的結果，最困難的部分來自保有我們的意識，堅信無論什麼事情發生在我們身上，都是為了我們的最大益處。我們往往被正在發生的任何事情糾纏，忘記我們理當表現得就像發生在我們身上的一切，都是最美好的事。儘管得花點功夫才能將它銘記在心，卻是最值回票價的工作。最好的方式就是在一張又一張的紙上寫下這個神奇的句子：

發生在我身上的一切，都是最美好的事。

將這些紙放在你經常花時間駐足並且會看到它們的地方，像是浴室鏡子、車內顯眼的位置、工作地點、錢包或皮夾、梳妝台、公事包、私人置物櫃或衣櫥、冰箱門、臥床上方的天花板、書桌前的牆壁以及其他對你意義重大的地方。

當你發現自己置身艱難處境，那就是你要開始實踐的時刻，提醒自己這項事實，讓自己表現得就像任何造成麻煩的事情都是為了你的最大益處而生。

請微笑。想像一下情況正逆轉成對你十分有利。表現得就像你剛剛聽到一些超棒的消息，或是得到一份真心感謝的禮物。負能量來自你相信正在發生的是壞事。請將這種負能量切換到你最正面積極的軌道。確信正在發生的事情會為你帶來極大的好處。自然法則的結果便是，這些全新的想法與行動會吸引來一連串的事件，而且它們都朝著你渴望的結果——幸福快樂發展。

宇宙從不犯錯。

萬事發生自有時。只有我們對困難的解讀會帶給我們痛苦與磨難。不僅如此，一旦我們將事件貼上「壞事」標籤，我們就察覺不到那些等待著我們的好處。

我曾經認識一個丟了工作的人，他詛咒自己的不幸並開始酗酒和吸毒。他就這樣狂歡了三個月。有一天，就在三個月的狂歡日子快結束之前，他接到一通電話，是他從以前就一直夢寐以求想進的企業打來的。得知他目前沒有工作，該企業要求他立即上工，但是對方一開口就要求他接受藥物測試。該企業立下嚴格的標準，不錄用任何有毒癮的人。

他無法通過藥檢，因此從來沒有機會得到那份工作。不過他得不到這份工作的真正原因是對宇宙失去信心，詛咒那個讓自己丟掉工作的「不幸」，而非期待宇宙為他準備更美好的工作。事實上，他丟掉工作的事並非錯誤或不幸，而是一個帶有目的的事件。它稱得上是一紙畢業證書，將會讓他升級到更美好的境界。不過他從來沒有領悟到這一點。

如果我們是活在一個沒有生氣、毫無意識、完全不了解我們的宇宙，我們或許還可以說「事情就這樣發生了」；然而，我們都活在一個生氣勃勃、意識清醒、百分之百了解我們，供應我們一切所需去發揮潛能的宇宙，而且我們是它不可分割的一部分。

你就是宇宙……的一部分。

四、內在道路

「若你不能從所在之處找到真相，你還指望在哪裡找到它？」

——道元禪師

幸福源自內心。它是一種我們的內心所產生的狀態。雖說外在的對象和情境可以讓我們感覺幸福，但對象或情境本身不是讓我們幸福的原因。我們感知那些對象或情境的方式，也就是我們的內心如何看待它們，才是讓我們幸福的原因。

讓我用兩個簡單的例子來說明這一點。第一個例子是擠滿幾千名觀眾欣賞體育賽事的競技場。當比賽結束，有些人得意，也有些人失意，取決於每個人熱愛的球隊贏或輸。對運動比賽結果感到開心與否就是我們對外部事件的內在反應。

事件本身並沒有幸福或不幸福。

每一名觀眾都可能對某一支隊伍抱持一定的忠誠度，或者比賽結果可能會讓他賺取經濟利益，為其中某一名球員感到驕傲，或者是熱烈擁戴那支球隊所代表的學校或城市。這些態度會產生對比賽和結果的反應，而不是對事件本身的回應。如果事件的本質是幸福或不幸福，那麼每個人對於相同事件應該都會有相同的感受；因此，決定每個人幸福或不幸福的要素，並不是事件本身，而是那一起事件對那個人的意義。

生活中的所有事情都是如此運作的。決定你幸福或不幸福的要素，並不是事件本身，而是你如何看待與感受它們。

以下是第二個例子。假設我們住在一間小屋，隔壁正在興建一幢超級大豪宅，除了施工帶來的灰塵和噪音，大豪宅還會影響小屋的採光，我們因此感到很不高興。再讓我們假設，這種不舒服的感受持續了好幾個月，隨著工程一天天推進，豪宅越蓋越高，我們的耐心也差不多被磨光了；就在此時，負責的承包建商突然登門拜訪並告訴我們，我們的某個有錢親戚早就買下這幢房子，還說蓋好後要送我們當禮物。

當我們聽到這個全新的訊息，同樣的豪宅、同樣的灰塵、同樣的噪音，卻會引起截然不同的反應。我們還是有可能對施工帶來的各種情況很生氣，但是意識到大豪宅完工後就屬於我們的感覺卻遠遠勝過暫時的不便。

我們的心智不僅具有影響自身想法的力量，還會讓任何兩個人看待同一件事卻歸納出相反結論。關於這一點，最能具體證明的例子是一則有名的禪宗故事，述說兩名僧人盯著同一面旗幟的反應。

一名僧人觀察到「旛動」，另一名僧人卻不同意，說是「風動」。

六祖惠能大師剛好從旁邊經過，聽到他們的爭論，於是告訴兩人：「不是風動，也不是旛動，是仁者的心在動。」

因果

「心豫造處，往來無端，念多邪僻，自為招惡。」

——《法句經》

既然幸福與不幸福都取決於你對事件的詮釋，也就是你選擇看見什麼的心智狀態而定，你可以為自己的心智提供新的訊息，進而改變心智狀態。

或許你不一定總是會得到非常直接的訊息，好比有個建商通知你獲贈一幢新房子，但是你可以選擇用新的方式看待並解釋發生在生活中的事件，進而提供自己全新的訊息。一旦你這樣做，將不只能做到在最艱困的時刻撐過去，更可以面帶微笑度過難關。

如果你不太懂「形上學」（metaphysics）這個詞彙，「meta」有「高出」或「超越」的意思，「physics」則泛指物理世界。所以形上學關注的領域是高出或超越物理世界的一切事物。形上學是我們人類努力超越自身所見、所觸、所嚐、所聞與所聽的一部分，也就是憑直覺感受超越我們所能感知的自然事物。

我們透過形上學可以發掘事物的真實本性、它們的終極本質與存在的理由。對我來說，形上學是一種哲學，融合掌管物理世界一切事物的宇宙法則；它也與那些看不見但可以感知的法則有關，它們規範並掌管物理世界之外的空間。

現在，請容我稍微提及形上學的法則，它與我們宇宙中基本且最重要的因果層面息息相關。

簡言之，形上學的法則這樣說：

每一個動作都會產生一種反應，而那一種反應與動作本身完全相符。

因果的形上學法則會採取以下方式契合你的信念。你所抱持的每一個信念都會以某一種形式表現出來，不是引導你採取某種形式的行動，就是阻止你採取行動。要是你不相信某件事有可能成真，根本連試都不會試。

二十世紀初，有一則四分鐘一英里（約一．六公里）的故事。當時，據說幾乎每個人都相信人類不可能在四分鐘內跑完一英里。那個時代的醫師說，跑者在達成目標前就會先因為生理機能衰竭而喪命。工程師也說，人類身體的空氣動力學特性有上限，因此不可能在四分鐘內跑完一英里。

這個信念看似無誤，因為無論有幾千幾萬名跑者嘗試打破紀錄，所有人都失敗了。這就是思維模式的力量，它削弱了對此深信不疑之人的實力，也讓四分鐘跑內完一英里看似真的不可能打破。

但是，一九五四年五月六日這一天，英國傳奇跑者羅傑．班尼斯特（Roger Bannister）竟然只花費三分五十九秒四就跑完一英里，打破了既有的認知。僅僅六週後，澳洲跑者約翰．藍迪（John Landy）更是縮短到三分五十八秒。到了一九五七年底，又有十六名跑者續寫四分鐘內跑完一英里的紀錄。

時至今日，許多跑者都可以在四分鐘內跑完一英里，其中有一名跑者約翰・沃克（John Walker）更是不只一百次在四分鐘內就跑完一英里。當今的世界紀錄保持人是來自北非摩洛哥的希沙・格魯（Hicham El Guerrouj），他於一九九九年七月七日跑出了三分四十三秒一三的成績。

當舊有的思維模式被打破，新的模式被締造，四分鐘內跑完一英里成為了稀鬆平常的事。這並不是因為跑者更快或更強壯，而是他們相信這個目標辦得到。

這就是典型的思維模式和任何信仰體系被炸出一個洞時會發生的事情。每一個人都會透過新的思維模式去衝破缺口。

現在，輪到你終結任何現有的思維模式了，無論是生活中發生的事件有何意義、生活如何「對待」你，或是獲得幸福生活的可能性。你可以主宰自己的心智，並影響自己人生的發展方式。

五、正念幸福

「意志為韁繩。」

——佛陀

你的心智狀態是影響你人生結果最重要的因素。

當我在說你的心智時，不是指頭骨上半部那一束神經組織的生理大腦，而是你思考或觀察的那個區塊。即使你用那一束神經組織來思考，還是有一個獨立區塊指揮你的思維。你的那個區塊有可能是大腦外部或內部，甚至很有可能你是用整個身體在思考，而這就是我想要在本章探討的部分。

或許你已經意識到自身有某個身為「觀察者」的部分，當你為生活忙碌時，它似乎就在你的身後注視著你。那是包含你所抱持之信念的一部分，也就是你對自己住的世界、宇宙法則、你的同胞、你在生活中的角色以及你的價值觀等信以為真的事物。那些信念組成我所謂的「你的處世原則」。

當今有許多研究顯示，我們的心智、情感與身體互相連結。這不是什麼新觀念。各個時代的天才醫師都告訴他們的患者，生存意志就算稱不上是治癒身心的首要層面，至少也是最重要的層面。大約二千四百年前，被公認為「醫學之父」的希波克拉底就告訴他的學生，負面情感會帶來疾病，正面情感則是康復的關鍵。

如果你對即將到來的事件感到開心、有活力、雀躍不已，或者通常抱持著充滿希望的心態，身體的免疫系統將會受到強烈影響，並且會彼此呼應做出反應，讓你保持一種樂觀的健康狀態。如果你感到鬱悶、傷心、不快樂、孤獨、痛苦或消沉，免疫系統將會反映你消沉的狀態，然後對這些情感做出強烈反應。事實上，現代研究已經表明，我們的思維甚至會影響體內細胞每一分每一秒的再生繁殖。

接下來我會試著將一個複雜的處理流程盡可能地簡化，請耐心讀下去，這是理解為什麼我們的想法、感受、信念如此強大的重要環節。

你的身體、大腦和信念

「用全身思考。」

——弟子丸泰仙（Taisen Deshimaru），日本禪師

你的身體和大腦一直都在雙向交流。你記得那些一想到可怕的事情，胃就「感覺正在下沉」的時刻嗎？那就是大腦和身體正在進行交流。近來的研究發現，不只是你的大腦會和體內細胞交流，你體內的細胞也會反過來和大腦以及身體其他部位交流。科學家的發現也揭露，我

們思考時不只有大腦在運轉，身體也會跟著動起來。其實，將我們的整個身體視為大腦的一部分，這種說法並非不準確。雖然它可能是既新穎又令人吃驚的想法，請不要否定它。現在有許多科學家都相信，我們實際上是「人體腦」（bodybrain）。

在我們身體這一套讓人大開眼界的交流系統中，有一個關鍵部分涉及我們細胞的受體。你體內的每一顆細胞的表面都有幾百萬個受體，每一顆細胞或許擁有七十種不同類型的受體。一九七〇年代初期，美國神經科學家甘德絲．柏特（Candace Pert）博士是第一位發現鴉片類受體（opiate receptor），進而證明這些受體存在的科學家。

受體分子漂浮在細胞的油性外層薄膜上，並生根深入細胞內部。柏特博士在著作《情緒分子的奇幻世界》（*Molecules of Emotion*）中說：

「細胞的生命在任何時候都是被它表面上有哪些受體所決定，也被那些受體是否正被配體（ligand）占據所決定。」[1]配體是一種與細胞受體結合的小分子。

配體有三種化學類型：神經傳導物質（neurotransmitter）、類固醇（steroid）和近來我們最感興趣的胜肽（peptide）。根據柏特博士的說法，在所有配體中，多達九十五％可能都是胜肽。柏特博士說，受體與它們的配體「已被公認為訊息分子（information molecules），可以說是細胞語言的最小單位，細胞利用它跨越整個生物體的內分泌、神經、胃腸道甚至是免疫系統交流訊息。」[2]

1 Candace B. Pert, Molecules of Emotion: The Science Behind Mind-Body Medicine (New York: Touchstone, 1997), 24.

2 Ibid., 27

現在我們知道，胜肽是在下視丘（hypothalamus）產生，這一處可說是大腦中心的神奇腺體，在此生產的胜肽類型主要取決於我們的想法和感受。下視丘產生的胜肽可以重新再造你經歷過的每一種情緒，包括憤怒、仇恨、悲傷、挫折、沮喪、歡愉、熱情和幸福。

這些胜肽被引導到腦下垂體（pituitary gland），然後注入血流中，在此它們接觸你體內數十兆顆細胞。一根針頭大約可以附著一萬顆大小平均的人體細胞。胜肽與細胞對接並產生細微的生理現象，而且這種生理現象可以轉譯，柏特博士解釋，化作「行為、身體活動甚至情緒的巨大變化」。[3]她還說，這些胜肽「在調節幾乎所有的生命過程都發揮廣泛

3 Ibid., 24.

作用」。[4]一旦胜肽與這些受體對接，它們就掌控細胞的所有活動，包括細胞是否應該分裂，以及新細胞的組成。我們可以把這想成一艘船的船長一登上船就開始發號施令。

在電影《當「心靈」遇上「科學」》中，喬瑟夫・迪斯本札（Joseph Dispenza）醫師解釋，當一顆新細胞生成，並非總是舊細胞的複製版，而是含有更多受體的細胞，無論之後接受到哪一種胜肽都會導致它分裂。要是這顆細胞接收到沮喪情緒產生的胜肽，新細胞將會有更多的沮喪受體，以及更少用來接受良好感覺胜肽的受體。

你仰賴細胞分裂繁殖、生長、修復和汰換掉受損、磨損或死亡的細胞。據估計，每一分鐘就有大約三億顆細胞分裂，汰換死掉的細胞。每

4 Ibid., 25.

一天，你的血液細胞中會有一部分死掉然後被新血取代。每幾個月，你就會換上一套全新的血液供應。既然我們現在明白了胜肽和受體的知識，以及情緒和思想所扮演的角色，你就能看見新細胞依照你的想法和感受被創造出來時發生的一連串事件。

假如你感到沮喪一小時，實際上產生大約一百八十億顆新細胞，它們會有比較多召喚憂鬱類型胜肽的受體，比較少召喚良好感覺胜肽的受體。彷彿是幾千兆顆受體舉起小小的雙手，在嘴邊圈成一個超迷你擴音器並大聲呼喊：「發送更多憂鬱感覺給我們！」簡言之，陰鬱的想法會創造出更強烈感受到陰鬱的身體，還會創造渴望更多陰鬱想法的需求，並讓你沉溺其中。

你身體內部的受體總量超乎想像。事實上，你本身就是一具龐大的受體。就以憂鬱症為例，實際上你可能是對那種狀態上癮，因為你的身體不斷要求再來一點它正在接收的事物，差不多可以說它已經養出一個渴望憂鬱感的巨大胃口。反之，如果你的個人信念系統帶給你幸福，你的受體就是在創造一個更有能力而且想要一直感受幸福的身體。

你越高度參與任何一種類型的情感或行為，對它的渴求就會越高。

這個道理適用任何事物，從憂鬱症、各種成癮症狀到憤怒或幸福等情緒。例如，我們對憤怒上癮，是因為它在我們的心理和生理造成影響。它產生腎上腺素這種強大的興奮劑。實際上我們變成倚賴憤怒這種情緒獲取它帶給我們的刺激，因此我們四處和自己的配偶、朋友、同事以及可以產生衝突的任何人爭吵。

無論你渴望的情緒是興奮、憤怒、憂鬱或喜悅，無論你渴望的感覺是源自嗑藥或酗酒，全都無關緊要，你所渴望的事物只是你的人體腦索取並要求的結果。

這些關於你的思想和感受如何創造並調節你的細胞，以及你的細胞如何交流等資訊量十分驚人。花點時間想一下。你的細胞受體今天和身體的其他部分交流了什麼？

更容易感到幸福

「最高層次的高尚在於馴服自己的心。」

——阿底峽（Atisa），印尼尊者

你透過自身的想法與感受創造自己，這個觀念實際上是好消息。既然你知道自己這套系統如何運作，就可以利用情感與思想打造一副更容易接受感覺良好狀態的身體。而付諸實踐的唯一方法，就是開始感覺良好。**打造一副更容易感到幸福、更不容易感到悲傷的身體的方法，就是**

讓自己快樂起來。

保持正確信念的重要性也基於這一個事實：你的大腦有個部位無法區分想像的體驗和真實的經驗。有些人以為自己聽到粉筆在黑板上發出的刺耳聲於是感到背脊發涼，還有些人光想到檸檬的酸味就皺眉頭；做夢是另一個好例子，夢中出現令人恐懼的事件，你會感到害怕，彷彿它是在你清醒時發生的。

當哈佛大學的研究人員採用大腦掃描儀檢測受試者，他們發現，目睹一棵樹的圖像和憑空想像一棵樹都會活化大腦的同一個區塊。[5]同理，當你想像自己正在經歷的某種情境可以被治癒時，身體、免疫系

5 G. Ganis, W. L. Thompson, and S. M. Kosslyn, "Brain Areas Underlying Visual Mental Imagery and Visual Perception: An fMRI Study," Cognitive Brain Research 20, no. 2 (2004): 226–41.

統、心智和其他的一切，都會帶著一股向前推進的動作回應那一股具有療效的能量。

你的心智很強大。你可能聽過「你能想像，你就能實現」這句話。或者，正如汽車大王亨利．福特（Henry Ford）所說：「不管你認為自己做不做得到，你都是對的！」要是你相信目標可能達成，就會著手去實現它。要是你相信目標不可能達成，可能甚至連抬起小指頭都辦不到；在這種心智狀態中，即使有人助你一臂之力，你通常也會拒絕，因為你還是認定目標遙不可及。

七年前，一群搶劫犯砍傷一名大約三十歲的男子。他們拿刀子砍斷他的手臂，從肩膀砍到手肘，直到見骨。這名男子的靜脈、韌帶、動脈、肌肉、肌腱和神經等所有組織都被砍斷了。即使他的傷口都已經癒合好幾年，手臂和肩膀仍然會感到劇烈疼痛。他痛到必須尋求協助，醫師開了鴉片類止痛藥維可汀給他。它是可以麻木痛感，但藥效退了以後痛感馬上回來，因此他持續使用這種藥物。

結果就是，他對這個藥物上癮了。但因為他不想被維可汀綁架，所以向許多神經外科醫師和精神科醫師尋求幫助。他在三年內拜訪十五位神經外科醫師，但沒有人可以讓他緩解。最後一位告訴他：「年輕人，你這是神經病變。你手臂上的神經正在退化，而且下半輩子都會感到疼痛。我建議你去疼痛管理科求診。」這名男子被這個消息嚇壞了，但拒絕相信自己沒辦法找到緩解之道。

大約三年前，他致電位於加州馬里布的「通道成癮治療中心」，這是我共同創辦的機構。我接到他的電話。我告訴他關於我們的身體康復計畫，還有我們的身體康復主任琳．濱口（Lyn Hamaguchi）醫師的經歷，她接受一位來自中國的中醫師培訓，鑽研針灸、穴位按摩和治療等領域。我鼓勵他過來一趟，還告訴他濱口醫師的針灸和穴位按摩有讓人大開眼界的療效。我更對他說，不管神經外科醫師對他說過什麼話，要是濱口醫師無法在他身上施展同樣魔法，我會很驚訝。

他相信我並報名參加我們的課程。在一次治療中，濱口醫師就讓他緩解大部分的疼痛。接著，他發現克服維可汀成癮很容易，因為他再也不需要靠它緩解疼痛了。當然，他不僅是接受針灸治療而已，心理上也必須克服先前花了三年卻找不到療法所感受到的失落痛苦。他還必須和當年的襲擊記憶以及內心對歹徒的滿腔憤怒和解。

如果這名男性當初相信醫生的話並從此放棄尋找，你能想像他的命運嗎？他將不會繼續尋求治療，很有可能還在對抗疼痛，還對維可汀或其他止痛藥物上癮。但時至今日，他依然完全戒除藥癮。

信念相當的夥伴

「即使會感到痛苦與孤獨，也要與信念相當的夥伴往來。」

——道元禪師

無論你試圖在生活中實現什麼目標，有一點很重要，那就是你身邊的人也相信你尋求的目標，以及你所相信的目標不只是可能做到，更是極可能做到。我的兒子和我是前述通道成癮治療中心的共同創辦人兼共同主任。通道成癮治療中心的成功率高於我們所知道的任何其他中心或專案，而且我們打造一套全方位的三步驟計畫，人們可以和他們居住地的衛生專業人員合作自行實踐。其中有一個步驟需要思想和信念的力量才能完全有效。加入我們治療中心的人若想成功，這一步至關重要。

打從一名客戶踏進門內，我和我們的治療師團隊就在腦海中清楚地抱持這樣的意圖：將他或她重新恢復到平衡、健康並對生活重燃熱情的狀態。根據我們的經驗，不只客戶抱持的心態十分重要，治療師的心態也一樣重要。不相信治癒可能性的從業者不會去談論和尋找治療的方法，而且很可能根本沒辦法提供治療。更糟的是，他們會毒害客戶的思想，讓他們錯誤地相信自己不可能被治癒，而且下半輩子注定要成為癮君子或酒鬼。

這種信念會造成適得其反的態度，損害原本可能取得的重要成果。

這種毒害行為唯一能帶來正面效果的時刻，就是有人在聽到這種說法時感到憤怒並拒絕接受這種信念，甚至付出行動證明治療師是錯的。

如果你相信自己完全沒有康復的希望，真的會竭盡全力治療任何疾病嗎？你會希望一位相信你辦不到的治療師提供什麼程度的治療？假使你周遭的熟人當中有心理師、精神科醫師或藥物與酒精成癮諮商師，他們全都同意「一日酒鬼或成癮者，終身酒鬼或成癮者」的說法，而且相信你當前努力康復的下場將和那些人沒什麼差別，你覺得自己的身體和心智會如何回應他們這番話？

你將會馬上失去希望。這相當讓人遺憾，因為希望——治癒的希望，回歸正常又健康的生活並從任何艱難處境中走出來的希望——才是完全康復最有力的刺激要素。

和容易誤導人的治療師相比，相信治癒可能性的治療師則會討論和尋找治療的方法，也更有可能帶來治療。最重要的是，他們會向患者傳達一個信念：治癒不僅可能，而且是極有可能，同時他們的患者肯定也會成為完全康復的人。這個信念本身就會產生自我賦能的態度，並為康復打下基礎。我們治療師團隊的每一名成員都抱持完全治療每一位客戶的願景，我相信它在我們的高成功率表現中扮演關鍵角色。[6]

前述治療藥物成癮的例子可以應用在你生活中的任何領域。如果你身邊的熟人不僅不相信你的目標和積極的人生觀，還持續試圖讓你失

6 如欲知曉更多通道成癮治療中心的方案與治療方式，請參閱作者的另一本著作《酒精中毒和成癮治療：全面康復的全方位療法》（The Alcoholism and Addiction Cure: A Holistic Approach to Total Recovery），或是查詢該中心的網站 www.TheAddictionCure.com 和 www.PassagesMalibu.com。

望，你會非常難保持心智不動搖，始終相信自己會成功並且幸福快樂。

你允許哪些人進入你的生活圈子，將會改變你的生活品質。正如佛陀所教誨：「與愚人同行會長期受苦。與智者相處才是樂事。」

六、宇宙的眞相

「任性合道，逍遙絕惱。」

——僧璨大師，中國禪宗三祖

古代聖賢仰望大自然指引他們如何過幸福人生。他們教導我們，與自然合而為一並順從自然之道和諧相處，就是尋求內在平靜的關鍵。了解自然和宇宙法則有助你理解自我的本質、順著生命週期而行並實現幸福的目標。

在本章，你將學到如何根據宇宙的真相為自己建立一套全新的處世原則。這就是它發揮作用的關鍵。照著這套處世原則行動將會創造幸福。它每一次都管用，毫無例外。

在你眼中，未來或許是不可知、不確定，或許還帶著一點可怕或絕望，就好像你正在坐在一輛馬車上，被一整支興高采烈的馬匹車隊拉著往前跑，卻不知道要如何駕馭牠們。你不知道這些馬是不是會跑到連馬車都被掀到翻過去，讓你摔在地上、衝下懸崖、迷失方向，或是確實把你帶到目的地。

你不知道如何駕馭、指揮或是阻止牠們，就會因此感到害怕。不過一旦你學會箇中要領，牠們就會聽從你的指示，把你帶去任何你想去的地方。你將可以放輕鬆、有自信，因為你知道自己的旅程可以自己掌控。當你的處世原則奠基於宇宙的真相時，人生就可以這樣過。你知道應該採取什麼行動實現自己想看到的情況，而且你不會失望。

要是以前你一直都沒有意識到這些自然規律，請不用擔心。一旦你開始把一套符合宇宙法則的處世原則融入生活中，你的生活將會帶給你莫大的歡樂，以至於你會驚嘆到連連發笑。就好像是你活了大半輩子都在開倒車，突然間發現竟然有可以讓車子往前開的排檔，而且速度飛快！

你若想理解宇宙運行之道，有必要先了解它的本質。尋求和宇宙和諧共處的東方聖賢早早明白，我們都是宇宙不可分割的一部分，就和星辰、山岳、海洋、在太空中運轉的浩瀚銀河及所有其他存在一樣。正如我們的雙手是身體的一部分，我們也是宇宙的一部分，而且正如我們伸手觸摸就會有觸感一樣，宇宙也明白我們所經歷的一切遭遇，因為我們就是它的一部分。

世間萬物都是從同一座能量池創造而生，除了出現的方式不同之外，實際上本質都一樣。你大可拿它比成冰凍成幾十億種不同形狀的水，就算外表看似不同，實際上全都是水凝結而成的。

分離是一種幻覺。

十九世紀的印度教僧侶、精神領袖斯瓦米・維韋卡南達（Swami Vivekananda）在著作《智慧瑜伽》（*Jnana-Yoga*）中這樣說：「只有一體的生命、一體的世界、一體的存在。萬事萬物都是那個一體……誰能找出波浪和大海之間的真正區別？」雖然「全世界就是那個一體的存在，」他說：「名字與形式創造出一切差異。」

同理，佛教經典《中陰聞教得度》（*Bardo Thodol*），也就是一般人更耳熟能詳的《西藏度亡經》（*Tibetan Book of the Dead*）如此教誨，我們的心智創造分離的幻覺，我們的心智也可以把我們從中解放出來：「分離並不真實……超越所有二元性的心境會帶來解脫。一次又一次，審視自己的內心。」

中國哲學家老子生活在二千五百年前，同樣也在他的古老經典《道德經》中表達這一套真理：「道可道，非常道；名可名，非常名。無，名天地之始；有，名萬物之母。故常無，欲以觀其妙；常有，欲以觀其徼。此兩者，同出而異名，同謂之玄。玄之又玄，眾妙之門。」

你的處世原則

「看透本質，是開悟之窗。」

——安谷白雲（Hakuun Yasutani），日本禪師

早在我們出生之前，我們所生活的地球就已存在，掌管地球一切事物（包括我們在內）的宇宙法則也已存在，這些法則早已定好並有效運作，它們會在我們的有生之年持續運作，甚至在我們消亡後依然照常運作。

當我們出生在這個系統，自然而然會察覺這些法則。舉例來說，如果我們自認能穿透樹木，所以試著這麼做，很快就會發現根本辦不到；如果我們自認能和鳥一樣飛翔，所以從高處一躍而下，很快就會發現根本辦不到；如果我們自認能靠霸凌別人來交朋友，很快就會發現根本行不通，還會因為霸凌行為被大家討厭，或是看到其他人因此被大家討厭；如果我們為別人做好事，就會看到這種行為被讚賞，還能以這種方式交到朋友。

宇宙法則和人為法則不同，它們無法被打破。對我們來說這是一種福氣，因為我們可以仰賴它們，而且絕對不會失望。其中一個法則就是稍早已經提到的因果法則：**每一個動作都會產生一種反應，而那一種反應與動作本身完全相符**。就好像把一顆石頭丟入池中，每一次都會激起漣漪，石頭越大，漣漪就越大。同樣的道理，如果你種下一棵橡樹種子，日後會生出一棵橡樹；如果你吃多了體重會增加，吃得不夠營養會生病；如果你是刻薄的人，會交不到朋友。到頭來，藉由你所經歷的結果，你自然會明白真相。

如果你多數時候都不快樂，那是因為你正倚賴某種你覺得應該能讓你幸福，但實際上並非如此的事物；或者是你的人生中存在讓你不快樂的處境，那種處境可能單純只是一種不快樂的習慣。我們有些人長期以來都過得不快樂，只有極少數時刻感覺幸福，以至於不快樂已經成為一種習慣或一種自然狀態。根據因果法則，如果你可以發掘幸福的真正原因，就可以讓這個原因發揮作用，並且絕對會幸福。同樣重要的是，如果你可以發掘不快樂的真正原因，就能學會避免再度落入那種處境。

簡言之，如果你的處世原則不符合宇宙法則，你為了讓自己變幸福的努力要如何成功呢？舉一個荒謬的例子，如果你相信擺脫頭痛的方式是拿起槌子反覆敲頭，你很快就會發現自己相信的道理完全不是宇宙法則的運作之道。

因為你的信念是來自不符合宇宙法則的假設，不只你的努力會失敗，還會遭受額外的傷害，結果不但無法澈底解決問題，反而把事情搞得更複雜。我們都知道，用錯誤的方法去實現目標注定會失敗，用不對的方式去實現幸福也注定會白忙一場。

符合宇宙真理的處世原則會支撐你走過生活帶給你的每一場際遇。

它將幫你省下錯誤判斷釀成的超高代價、無數痛苦時刻和不必要折磨。它將幫助你理解，那些讓你哀悼幾個星期、幾個月甚至幾年的事，最終是發生在你身上最美好的事。

是詛咒還是祝福？

「天地有大美而不言，四時有明法而不議，萬物有成理而不說。聖人者，原天地之美而達萬物之理。是故至人無為，大聖不作，觀於天地之謂也。」

——《莊子》

生活中的每一個事件，即使是痛苦的經歷，基本上都會提供你兩種選擇：你可以詛咒它並稱之為「意外」，或者是稱它為「好運」。我已經學到這兩種選擇只有一種會為我們帶來幸福，甚至幫助我們為他人帶來幸福。我也學到壞事從來就不會發生。我本來從未澈底領悟這一層道理，直到有一天我發現自己臉朝下躺在深谷底部的泥濘中。

那一天，我和我的兒子派克斯一起出門為一個景觀專案蒐集岩石。我們開車經過馬里布當地一座峽谷，我瞥見一塊看起來很有意思的岩石，從峽谷邊緣往上伸出大約二十多公分。我從卡車上跳下來查看，整塊岩石長度大概超過五十公分，內嵌在深度大約十公尺的深谷的其中一側。我一手抓住岩石然後爬下深谷，並在土牆上踢出一個可以立足的小洞，這樣我就能鑽到岩石下方，用力把它推上去。當時我穿著底部是光滑棉料的太極鞋，泥土表面則是因為沾到晨露依舊濕滑。

這塊岩石的重量差不多五十公斤，但我設法將它移開。然後我用力抬高並且把它推到一個平衡點，準備把岩石推到路面上；就在此時，我的雙腳打滑了。我滑到深谷的底部，試著保持身子挺直，伸出的雙手則支撐在深谷的一側。我沒意識到的是，這塊岩石並沒有真的掉在路面上，而是猛烈地衝向深谷，因為它的外觀是三角形，所以衝撞之後又彈向空中。

岩石的平坦部分不偏不倚地砸中我的頭。我重摔在地，左手兩根骨頭直接應聲而斷，膝蓋也因為猛烈撞擊腫了起來。我整個人趴在泥濘中，無法呼吸也動彈不得，因為所有的脊椎骨都被壓迫到了，我整個人癱瘓無力。

現在，你覺得我躺在泥濘中那一刻，動彈不得、無法呼吸，心中閃過什麼念頭？我先不告訴你，因為我得回顧一段過往，這樣等一下你看到我的答案後才會知道意義何在，也才會開始理解我口中基於宇宙真理的處世原則是什麼意思。

當我還是十多歲青少年和二十出頭的小夥子時，根本沒有任何道德準則可言。一九○○年，我的母親碧伊出生在紐約一個貧窮的德國家庭。她在十五歲時被強暴而懷孕。大家強迫那個年長的男人娶她，結果就是煉獄生活的開始。我的母親恨他對她做的壞事，他則恨她為了保護自己不被他傷害而瞬間變得強悍又難搞。

前兩年，她靠縫紉代工維生。第三年，他們離婚了，那時的她變得冷酷無情，並且開始了犯罪生涯。短短幾年，她就在紐澤西扛起一個專門偷車的非法集團，也在紐約養了一群詐騙分子為她賣命；當禁酒令開始時，她便成為私酒販子，為當地酒吧供應威士忌。

接著，我出生了，她用自己唯一知道的方式撫養我長大，那就是復刻她的人生。她總是堅持要我稱呼她碧伊，從不要我喊媽媽。在我三歲半左右，她教會我第一條規則：「永遠不要說實話。」她說：「只有傻子才說實話。你要是說實話，就只會給自己惹來麻煩。」她的座右銘就是：「如果能用漂亮的謊話應付過去，就絕對不要說實話。」所以我說謊、欺騙、偷竊樣樣來，大家還會稱讚我幹得漂亮。

我四歲時她就教我怎麼走進店裡行竊，這是她最愛的遊戲。她還教我沒有人值得信賴，特別是女人。她也告訴我不要尊重權威。她甚至向我解釋，除了「黃金法則」，也就是「誰有錢，誰就是規則」以外，沒有任何原則。我一天天長大，總是從事著不正經的勾當。

幸好，我是個嗜書如命的人，從自己讀過的幾百本書中感受到另一種不同的生活方式。等我到了二十五歲，開始從讀過的書中領悟到，那個我深愛的偉大女性碧伊從小就用完全反其道而行的錯誤方式教育我。我一直在走一條無疑會導致我和周遭每個人都不幸福的道路。一開始其實很難看出這一點，因為她非常成功，甚至成為地方政治圈的某號人物。除此之外，碧伊很愛玩，又慷慨大方得要命。我在當時也算是很成功，不過全都是靠偷拐搶騙得來的。

我開始改變自己的行事作風。我很清楚只要住在碧伊附近就別想辦到，於是我在一九六五年搬到加州。我下定決心要澈底改變人生。我的第一個願望就是要永遠說實話，第二個則是絕對不再占任何人便宜。一開始很難完全辦到，因為我這輩子每天都在說謊，根本不知道德準則是什麼。

好幾年就這樣過去了，我越來越有進展。當我欺騙了某人，我會強迫自己走到對方面前說出真相。我回去紐澤西一趟，盡我所能地彌補被我冤枉和欺騙的人。那個部分非常困難，但我強迫自己堅持下去，直到拜訪完所有我記憶中曾被我用某種方式傷害過的對象。

從完美到十全十美

「一即一切，一切即一。但能如是，何慮不畢。」

——僧璨大師

我在大約三十三歲時讀到一本充滿智慧的中國古書《易經》。《易經》有可能是全世界目前已知最古老的智慧，它歷久不衰，對所有人來說都具備極珍貴的價值。我研究它不只是想學習它的智慧，更是因為它蘊藏著許多宇宙法則。由於《易經》是在十分久遠的年代寫成，有許多文字與意涵我無法參透，因此很渴望讀懂字裡行間的意義。我很肯定宇宙的祕密就藏在其中。

這些年來，我每天都花個幾小時研讀《易經》，至今每天還會花個幾分鐘讀它。我越來越理解因果等宇宙法則，對自己的言行舉止也越來越謹慎。我學到**當我們對著未來射出箭矢，我們的性格就是那一把弓**。

我開始看到宇宙法則掌管一切。當我明白了這一點，我開始能夠感知並理解我們生活的這個世界的許多其他面向。舉例來說，我學到**所有宇宙法則都支持著宇宙持續運作**。

我們怎麼知道這個說法是真的？因為宇宙生生不息。天文學家和科學家都告訴我們，一百三十八億年來宇宙一直是以目前這種狀態存在。假如真的有一個法則支持終止的話，那現在肯定已經應驗了，既然沒有發生，我認為相信所有法則都將持續運作下去是安全的想法。

為了讓宇宙繼續存在，它只會讓最美好和最完美的事件在任何時刻發生。如果不是這樣的話，宇宙將面臨自取滅亡的危險，因為一個不完美事件可能引發兩個不完美事件，然後是三個，依此類推，直到最終滅亡。我們的宇宙已經持續運作一百多億年，其結構的完美性毋庸置疑。宇宙時時刻刻都持續保持完美運作，甚至不容許第一個不完美事件發生。它誕生於完美，臻至完美，終將十全十美。

這和能量守恆的宇宙法則有關：「**沒有什麼會流失或被破壞，只不過是改變了型態。**」當然人類也不例外。我們身為宇宙的一部分將繼續存在。或許我們會以另一種形式存在，又或許是另一種狀態，但我們終將繼續存在。

一旦我們離開肉身的時刻到來，或許我們會保留自己的個性和靈魂，但也有可能不會。或許我們就只是融入宇宙的整體。但是實際上，我們將和宇宙的整體合而為一並不是準確說法，因為我們從來就沒有脫離過整體。是誰有權說我們應該不會再回到地球的？或許我們終將會再次出現在地球上。我們有可能忘記自己當初怎麼來到地球的，但是肯定知道用什麼方式抵達地球，我們存在的事實就充分了證明這一點。

無論如何，我們將繼續以某種或其他形式存在，不管哪一種，最終結局都是美好燦爛。一個人所能擁有最至高無上的榮譽就是成為宇宙的一部分。被另外挑選出來，去接受我們所能擁有的意識程度是一份不可思議的禮物，幾乎讓人難以置信。

將宇宙是被建構而成的想法往前推進，這樣它就能繼續運作而存在，可以說，宇宙希望任何時候都為自己爭取最大的好處。由於我們是宇宙完整且不可分割的組成部分，同樣道理也適用在我們身上。

發生在我們身上的一切，都是為了帶給我們最完整的好處。

即使某個事件傷害我們或是奪走原本屬於我們的東西，它永遠都對我們有益，因為宇宙不會讓任何壞事發生在自己身上，而且我們就是「它自身」的一部分。

我研究這些宇宙法則，開始將整個宇宙視為有生命也有察覺力，活生生且會呼吸的實體，它具備意識，真的就是清明的意識。那就是為何我刻意強調「宇宙」這個字眼。多數人都會談到的上帝、阿拉、耶和華、佛陀或是其他上千個用來指涉至高無上實體的稱呼，我只是簡單想成並指稱為「宇宙」，它是超龐大的意識能量來源。幾十年過去，我一直都持續仰賴自己的原則生活，而且它在我生活的每一種情境中都得到證實，即使是在我所相信的事物付之一炬時也不例外，有時甚至天天都會得到證實。

這會帶來什麼好處？

「理解變化的唯一方式就是投入其中，隨波逐流，隨之起舞。」

——艾倫．沃茲

既然你已經明白了我的心態，讓我們回到當我發現自己被岩石擊中而重摔在深谷底部的那一天。

現在，讓我再問你一次：「你覺得我躺在泥濘中那一刻，動彈不得、無法呼吸，心中閃過什麼念頭？」

我猜自己一下子提供了太多線索，反而讓你搞不清楚我的心中究竟閃過什麼念頭。

當時我想的是：「真想知道這個意外會帶來什麼好事？」

派克斯看到了岩石消失在山丘的一側，他跑向深谷，低頭往下探，看到我躺在泥地上。他滑下深谷，把我翻過身來確認我是否還好，我告訴他我不知道。

我就這樣躺在現場，全身開始出現一種刺痛感，就是那種在腳麻掉或撞到手肘時會有的感覺。我的脊椎骨開始不那麼壓迫，漸漸可以移動了。我不想伸手檢查自己的頭蓋骨，因為我害怕會不小心把手伸進那個我想像中被擊破的洞，結果害死自己。當那塊岩石落在我的頭上，聽起來就像是有人對著我的腦袋敲斷一根球棒，我不覺得有任何人被這樣狠狠敲過還能活下來。

一個星期過後，我躺在床上養傷，隨手翻開一本《易經》閱讀。突然間，之前讓我看得一頭霧水的段落現在一讀就通。冥冥中，我的腦袋被重擊那一下竟然讓我開竅，能夠理解以前百思不解的部分。從那時起，我已經寫了十本關於《易經》的書，包括我用中文筆名「無為」（Wu Wei）出版，而且頗受歡迎的著作《易經：解答之書》（*The I Ching: The Book of Answers*）。

所有這一切都是源於一塊岩石擊中我的頭。

那塊岩石掉在我的頭上，究竟是神聖的干預還是沒有任何意義的意外，我們可以針對這一點猜到天荒地老，但是對我而言，好處是怎麼說也說不完。那時，我的主要研究一直都是試圖理解那本古書中所隱藏的訊息，突然間我竟然就讀通了！光是領受那份禮物，我就心甘情願被多打幾次頭。

由於我個人處世原則的核心就是，發生在我們身上的所有事情都對我們有好處，所以我也省掉詛咒自己的霉運、哀嘆發生的壞事，或是永遠自我感覺是受害者這類毫無意義的舉動。我可以從那次意外事故受益的原因，就在於我看待事件的方式。無論是當時或現在，我一直都認定那次所謂的意外完全是為了帶給我好處而發生的。

如果我沒有從正面的角度看待這件事，或許就會一直尋找所有不好的結果，但是這麼做的同時實際上我很可能是在給自己找麻煩。我可能會因為已經發生的事所帶來的壓力，讓我的脖子出問題，而且進一步出現併發症；我可能會陷入憂鬱，詛咒自己運氣有多差。不過，這些事都沒有發生。更奇妙的是，至今我的脖子從來都沒有疼痛過，也沒有突然失去行動能力，我甚至還可以在多年後把這場意外寫下來，把它用在好的地方。

七、適應變化

「且夫乘物以遊心，託不得已以養中，至矣。」

——《莊子》

持續變化的哲學是古人理解宇宙的重要部分。《易經》，顧名思義就是改變之書，正如書中解釋，改變是常數，我們可以相信這一點。整個大自然都是處於一種生長和變化的狀態。因此，另一則來自《易經》有關幸福的智慧就是：

唯有我們做好調適，情況才會變得對我們有利。

以下讓我舉個真實例子來說明，適應持續變化的事件並採取積極態度看待它們，可以產生積極的結果。二十四年前，我買了一輛新車，就停在我家旁邊的巷子裡。我才剛走出家門就撞見一輛福斯出廠的舊款廂型車刮到了新車前方的擋泥板。駕駛走下車，把帽子摔在地上，然後低下頭，雙手緊抱。他顯然拿不出錢賠償撞車的損失，一臉就快要哭出來的樣子。他的妻子坐在車裡，兒子則是在後座哭。這名男子看著我走向前，更是擔心到快要抓狂的地步。我走到車前，看著對方說：「很好。我的車就需要這個。」

他簡直不敢相信自己聽到了什麼。我告訴他，希望他那天過得愉快，不用擔心刮到我的車，因為現在我再也不用擔心車子被刮到了。他開始流下釋然的淚水，上前抱了我一下，接著跑回妻子身邊擁抱她。他把家人都叫出車外，一一向我介紹。他告訴我，他剛來到鎮上，是個木匠，想先找個地方安頓，直到找到工作為止。剛好我有個朋友從事建築業，於是把對方的電話號碼給他，隔天他就開始為我的朋友工作。

三個星期後，這名男子出現在我家門口，掏出兩百美元給我當修車費。我告訴他自己留著用。我說我喜歡這道刮痕，因為它提醒我宇宙是多麼美妙的地方。對我來說，車子只是受到一點損傷，但是當我告訴他失手刮傷我的車只是完美的錯誤那一刻，光是看到他露出一臉驚喜交加的模樣就值回票價了。至今我還是會常常想起這件事，而且仍然讓我會心一笑。

我從來沒有修補那道刮痕。當別人問起我當初怎麼會刮傷車身，我都會說：「這是來自宇宙的禮物。」別人若是追著要我解釋這句話的意思，我就會告訴對方我的處世原則，還能因此引領許多人進入一種全新的理解角度，這種做法對他們來說很管用。有幾次和我交談過的人告訴我，他們開始將生活中看起來不太好的事件視為「擋泥板上的刮痕」。

想想看，假如當初我的新車被刮傷時，我不是採取那種方式回應，反而是揮拳狂揍福斯廂型車的駕駛，然後在激烈鬥毆後雙雙掛彩甚至被關進監獄，接著在獄中受到性騷擾，並且捲入另一場鬥毆事件，不僅把某人打成重傷，更被重判二十年監禁，我的人生會怎麼樣呢？

再次強調，生活所帶給我們的一切事件都有兩種基本的處理方式，我們可以把它們看成「對我們有好處」或「對我們有壞處」。事件本身只是事件而已。我們處理事件的方式才是決定它將在我們的生活中占據什麼地位的關鍵。事件本身不會做出任何決定，我們才是做決定的人。

前景的變化

「故知足之足，常足矣。」

——《道德經》

在東方國家，存在一種「幸福是知道自己可以沒有什麼」的思維方式。把這個東方思想換個方式表達，幸福是對你所擁有的感到滿足。《道德經》這麼解釋：「知足不辱，知止不殆，可以長久。」

多數西方人不認同這種思維方式。我們對自己渴望的事物不只是想要而已，還要爭取更多，對不想要的事物則是最好根本別碰到。對我們來說，擁有和沒有就是幸福或不幸福的主要原因。沒有足夠的基本必需品，好比食物、衣物或住所，有可能導致不幸福；健康不佳有可能導致不幸福；無法實現的渴望，像是追愛不成功、無法如願休假、買不起好車、想要的事物都沒能力擁有、收入不夠付清帳單、無法做我們想做的事，或者沒有足夠的時間做我們想做的事，這些都有可能導致不幸福。

確實，擁有那些夢寐以求的事物有可能為你帶來幸福，但兩者並不是絕對關係。許多人要什麼有什麼，卻依舊不覺得幸福。如果你想想自己認識的人，很有可能會想起，有些人真的得到夢寐以求的事物，卻發現幸福感無法長久。所以幸福真正的源頭在哪裡？現在答案可能已經呼之欲出了：

幸福真正的源頭，就在我們每個人的心中。

幸福感來自我們對生活情境的反應。我們是宇宙中的一股力量，也是宇宙本身的力量。我們可以思考、行動並創造。對正在發生的事感到不滿，只是你從過去的處境中學到的習慣性回應；也就是說，如果你快樂回應，你就會幸福。

一九八〇年代中期，我為那些想要改變自己人生的學員開辦工作坊。那些工作坊再次讓我知道為什麼幸福來自我們的內心，我也看見擁有強大的個人處世原則以支撐自己度過生活帶來的任何事件有多麼重要。

工作坊非常成功，因為與會學員確實地改變生活方式，並且完成他們以前會認定自己能力遠遠不及的行為。他們在自己選擇的工作領域大有斬獲；他們搬出公寓，買下房子；他們克服這輩子的種種恐懼；他們終結依賴家人和朋友的關係；他們實現長期追求的目標；他們變得快樂並因此擺脫壞習慣；他們發現自己生命中的熱情，因此找到了平靜。

我目睹他們成功，也看到依循一種提供力量的個人處世原則、一顆北極星、一盞指引的明燈過生活，將帶領我們度過充滿絕望、困難、悲傷和沮喪的艱難時刻，而這類事情似乎三不五時就會發生在所有人身上。顯而易見的是，那些過著充實圓滿生活的人確實力行一種處世原則，把自身的低潮轉變成快樂的情緒，臉上帶著笑容，這種笑容遠不只是面對逆境的當下故作勇敢的假面。

我知道基於宇宙真理的強大處世原則是如此有力且讓人愉悅，因此經得起所有的困難和時間的考驗。此外，我開始明白，薄弱的處世原則是一種脆弱的生活方式。我看到老是困擾工作坊學員往前邁進的種種失敗，總是可以歸咎於一種薄弱或被誤導的原則。一旦他們採納全新的原則並且付諸實踐，他們的生活就會不可思議地朝更好的方向轉變。隨著他們的前景改變，所有生活中的境遇也都跟著發生變化。

就像以下這番話對工作坊學員來說十分真實，對你來說也是如此：

你在人生路上待人處事的方式，決定你的生活如何發展。

那是宇宙的另一個基本法則。你，而且只有你，可以決定你的世界是什麼模樣。你是自己人生向外敞開的大門。

想像一下，如果你老是在生氣，你的怒火會影響周遭的每一件事和每一個人。沒有人會想要接近你。怒火也會引起身體的酸性反應，然後慢慢摧毀你。它會影響你的思考，讓你找不到產生理性與清晰思考必須要有的冷靜。就算你還是有朋友好了，終究也會變少。你再也無法享受吃喝玩樂等活動，生活中的和諧會離你遠去，於是你再也無法感到快樂，或許就連一夜好眠都是奢望。要是你在經營事業，成功會變得難以企及或根本無法達成。要是你為別人賣命，則會很難保住工作。正如日本的武士格言所說：「憤怒的人無論在戰場上還是在生活中都會敗給自己。」

從事件的暴戾之氣中解脫

「當我們了解萬物無常這個不變的真理，並因此獲得從容自若時，我們就是身處涅槃之中。」

——鈴木俊隆（Suzuki Shunryu），日本禪學大師

強大的個人處世原則除了支持我們度過生活中的諸多悲劇，也支持我們在日常生活中所想所做的每一件事。它帶給我們樂觀與希望，也讓我們能夠從事件的暴戾之氣中解脫。以下是我開辦的工作坊學員的親身

遭遇，我們會清楚地看見，從不請自來的事件中解放出來，身心會變得多麼自由。（它有點像本章一開始那個新車被刮傷的小故事，不過情節發展略有不同，它充分展現這種處世原則可以在許多方面幫助你振作起來。）

朵莉絲是一家咖啡館的女服務生。她報名工作坊是因為她的兒子前一個月才來上過課，而且他經歷的結果讓她大開眼界。她參加工作坊課程約莫三個星期後，有一天我走進工作坊，看見十五到二十名工作坊學員聚在停車場盯著一輛新車看，興奮地又說又笑。當他們魚貫走回教室，我問大家剛剛在興奮什麼，結果全部的學員都笑了。

原來是朵莉絲前一天才剛買了一輛新車，隔天一早她從住家公寓下樓走到車庫，發現新車擋泥板被撞凹了。朵莉絲說，一般情況下她會哭出來，上樓回家，躺在床上，然後拿起棉被把整個人從頭蓋到腳，就這樣一整天躺著不動，這樣就不會再有衰運找上門了。

然而，她想起自己在工作坊學到的教訓，因此用一種全新的眼光審視這輛車。有個凹洞的擋泥板再也沒有毀掉她一天的力量了。她向大家報告，她剛剛經歷了這一生中最美好的時刻，因為她再也不用被她所謂「事件的暴戾之氣」綁架，畢竟意外總是會發生在所有人身上，好比搞丟手錶、皮夾被偷，還有錯過公車或飛機。朵莉絲說，她可能不會把車送修，因為這件事對她來說意義重大。她自由了，站在外頭的每個人看到她那塊被撞凹的擋泥板，再看到她對這起意外的反應，都為她的自由和他們的自由感到欣慰。

處理創傷

「動中靜是真靜……苦中樂是真樂。」

——《菜根譚》

我們每個人一生都受過苦難。我們被騙過，被背叛過，被欺瞞過，被占便宜過。我們許多人都被父母、兄弟姊妹或陌生人毆打過、強暴過、虐待過，被迫做出違反自身意願的事或被性騷擾。我們被傷透心。我們蒙受財務、精神和身體的巨大損失。我們為失去心愛的人悲傷。我們出生就帶有身體或精神上的缺陷。

我們如何處理這些創傷、境遇和其他類似的情況，會決定我們今天或任何一天的幸福狀態。

幾年前，二十五歲的運動員彼得入住通道成癮治療中心。他長期以來都在吸食大麻。彼得對我每週開辦的形上學課程特別感興趣。他很愛這些團體活動的哲學部分，還因此記在心中。他和我一起上過幾回一對一的課程，他在那些課程中也學到你會在這裡學到的東西。在三十天的入住期限結束之際，他已經沒有大麻成癮了。

彼得離開通道治療中心幾個月後發生意外，現在腰部以下癱瘓，只能坐在輪椅上。

他出事兩天後，我去醫院探望他。當我走進病房，他睜開雙眼並輕聲說：「我知道這是發生在我身上最美好的事情。」直至今日，彼得依舊堅持這個信念。我們每隔幾個月就會聊天，他告訴我自己得到的啟蒙已經提升到什麼樣的高度，他還說要是沒有這場意外事故，自己的靈性不可能在這麼短的時間內大幅成長。

對所有遇見他的人來說，他都是一股激勵人心的力量。

他偶爾會登門拜訪我們，並在通道校友會上對大家說幾句話。他不僅理解「唯有我們做好調適，情況才會變得對我們有利」這個宇宙法則，還能夠做到與之和諧相處。「如果你對不幸一笑置之，就不會被它打敗。」印度詩聖提魯盧瓦（Thiruvalluvar）說：「不幸可能如潮水般湧來，但無所畏懼的想法會平息它。你若拒絕為悲傷而悲傷，悲傷就會自我悲傷。」

當我走進彼得的病房時，他說：「這是發生在我身上最美好的事情。」你對他的回應有什麼感受？你是不是正語帶嘲諷地對自己說：「對啦，最好是這樣！」並且認為那個回應大大地偏離事實？就你用這種方式做出這麼大的反應來看，你的個人處世原則就和支撐彼得以及他坐在輪椅上所擁有的平靜截然不同。那意味著，你或許會認為所有表面看起來不幸的意外事故，實際上真的就是不幸；不過正是因為那種思維，你的人生中會出現各種狀況。

一套奠基於宇宙真理的強大處世原則將保護你不去扮演受害者，也就是被惡劣利用、橫遭噩運或是生活充滿沮喪和不幸的人。它會在逆境中支持你，因為你知道迷霧會自行散開並開創幸福美滿的結局。假使你全身癱瘓，你覺得自己可以常保彼得的喜樂嗎？如果你沒有一套可以在困難、悲劇與絕望找上門時看顧你的個人處世原則，其實不太可能做到和他一樣。

最糟糕的時刻，最美好的時光

「一切有為法，如夢幻泡影，如露亦如電，應作如是觀。」

——佛陀

我親身見證，如果我們常保強大的個人處世原則，即使在最艱難的時期也能創造美好的事物。

我和派克斯一同見證了這個過程。

派克斯十五歲時開始吸大麻，偶爾配一點啤酒。我盡其所能阻止他這種行為，但是他依然不為所動。當時，我不知道這種看似無害的行為竟然會惡化成嚴重的毒癮。派克斯十八歲時，有一天放學回家後開始大哭，他說自己對海洛因上癮了。

接下來六年間，我為了派克斯的生命向海洛因宣戰。

我為他安排三十天療程、六十天療程和九十天療程，但完全沒用。他去戒毒四十多次。每一次復發時我都會問他：「為什麼？」但每一次他都說不出個所以然，只是說吸毒時感覺實在太好，他完全無法抗拒誘惑。我一直都很害怕有一天會失去他，而且每一天都不知道隔天是否還看得到他。

我帶他去看藥物治療師、酒癮治療師、心理師、精神科醫師、成癮專家和各種諮商師。他們全都建議求助康復中心、十二步驟方案和更多諮商，但沒有半個人真心想找出派克斯吸食海洛因的原因。幾乎在所有個案中，他們提供的做法都是指向創造一個他比較不容易吸食海洛因的環境，也建議我懲罰他的不良行為。然而我知道，即使毒蟲已經瀕臨死亡，藉由懲罰糾正藥物濫用也發揮不了任何作用。

舉個貼切的例子說明：

派克斯染上毒癮那幾年曾經偷了一幫毒販的貨，被對方追趕到沙漠想殺了他。他們逼他替自己挖個墳墓。但不知他哪來的本事，說服對方他可以籌出買毒的錢，於是他們同意饒他一命。他才驚險逃過悲慘經歷，第二天又開始吸食海洛因了。有一個向派克斯討錢的毒販狠狠地朝他的臉猛踢，結果他的下巴被打斷兩處，不得不去醫院縫合。他的兩排牙齒歪向四面八方，幾乎完全無法說話。他就這麼狼狽不堪地從醫院回到家中，我馬上趕著去探望他。我才剛走進門，簡直不敢相信眼前的景象，他竟然又開始吸食海洛因了。

有一次，我決定打破海洛因成癮的惡性循環，硬是把他帶去加州海岸的大蘇爾山上一間與世隔絕的小木屋。我讓他在那裡澈底戒毒九個月。我們離開大蘇爾山的第一週，他就開始吸食海洛因和古柯鹼。

我相信派克斯屈服於海洛因一定有原因。在他還沒染上毒癮的歲月裡，他是熱愛運動、好動外向、生性快樂的好學生，甚至拿過當月模範生獎項。他想要停止吸食海洛因與古柯鹼，重返正常生活，但就是辦不到。不過我從來沒有放棄希望。我從來沒有停止鼓勵他繼續尋找讓他染上毒癮的根本原因。有一天，派克斯終於找出了他毒癮背後的「原因」。那是他吸毒和酗酒的最後一天。就在那一刻，他終於可以擺脫自己的毒癮了。

時至今日，派克斯的每一方面都完整無缺，而且他健康、快樂、成功、頭腦清晰、完全康復，還能協助他人實現和他擁有的同一份自由。開設通道成癮治療中心是派克斯的主意，他在終於擺脫依賴毒品的惡習後對我說：「你看，我們知道要怎麼做了。就讓我們放手做吧。」

於是，派克斯和我共同創辦了通道成癮治療中心，現在我們是共同主任，每天一起工作。我看著他，為他過往與現今的成就深感驕傲。他已經脫離瀕死境地，脫離酒精與毒品成癮的困境，重返正軌。在那些年，酒癮、毒癮的力量是如此強大，有時候他看起來真的是完全沒救了。不過我們最終硬是把他救了回來。所有的功勞都算在他頭上，也歸功慷慨大度和充滿大愛的宇宙；而我們都是其中的一份子。

在派克斯和我不斷掙脫又被打回地獄的旅程中，我們學到很多關於酒精中毒和成癮世界的事情。我們研究所有可以找到的療法以及酒精中毒和成癮相關研究，派克斯的生活和其他接受治療的患者的生活累積而成的經驗也讓我們學到，什麼事才能帶來持久的康復，而什麼事不能。當其他方法都發揮不了作用時，我們開創出一套全方位、親手打造的方案，最終救了派克斯一命。在通道成癮治療中心，他和我利用我們在治癒他的過程中學到的經驗，協助其他人找出自己藥癮或酗酒的根源，最終擺脫困境並找回自由。

對某些人來說，派克斯多年的成癮和創傷似乎是無法挽回的損失，不過如果你當面問派克斯，他是怎麼看待那十年的成癮歲月，包括毆打、墮落、羞辱、失去朋友、錯過大學時光、失去尊重、流失的青春，他會跟你說，那十年是人生中最悲慘也最精彩的時光；他會跟你說，那十年帶領他找到人生志業，若是少了這些年的經歷，他絕對想不出這個點子，也無法推動成立通道成癮治療中心，宇宙早就為他準備好精彩可期的未來，他將可以救回幾千人的生命。他還會繼續說，而且我曾親耳聽他說，假使他必須得再次從頭到尾經歷一遍，才能達成他現在實現的成就，他也願意這樣做。那是人生最糟糕的時刻，卻為他帶來最美好的時光。

不僅如此，也由於這一回親身經歷，我才能出版《酒精中毒和成癮治療：全面康復的全方位療法》（*The Alcoholism and Addiction Cure: A Holistic Approach to Total Recovery*）這本書，協助其他人獲得治療。在書中，派克斯鉅細靡遺地回憶他的故事，我則是分享我們發現的康復關鍵。這本書讓讀者看到，他們可以如何利用我們在通道成癮治療中心採用的同一套指南，當初它就是幫助派克斯康復的關鍵，然後在他們居住地的健康專業人員支持下，制定出個人專屬的全方位療法。我們走過了奮鬥與考驗，現在能夠為別人帶來希望和新生。

八、壓力和你的想像力

「小見狐疑，轉急轉遲。」

——僧璨大師

你和幸福之間最巨大的障礙是壓力。我說的壓力是一種心靈的恐懼、焦慮、痛苦、擔憂、不安或不祥的感覺，源自你想像過去、現在或未來的事件或情況有不好的結果。其實沒有什麼事情會引發壓力。儘管事件或情況本身看起來隱含壓力，但事實並非如此。

壓力來自你對事件或情況的看法。

聽起來很耳熟嗎？確實如此，因為它和幸福的公式一模一樣。無論是壓力或幸福都不隱含在事物、事件或情況中。事物本身就是事物，事件不過就是事件，情況就只是情況。你想要做出什麼反應，全都取決於你，你可以自己選擇。

為了證明實際情況確實如此，不妨想想看，有很多時候，我們會在某件事情還沒發生，或是已經發生但還沒意識到它最終對我們有好處之前，就先感受到壓力。如果你打從一開始就知道它會朝著對你有利的方向發展，你的生活會變得多麼愉快呢？這就是你可以用來應付所有情況的方式。

由於我們早已接受所有負面設定，壓力永遠無法完全消失在我們的生活中，但是我們仍然可以消除大部分的壓力。想要消除壓力，比較難做到的部分是要控制我們的想像力，去設想快樂的結局，而不是悲慘的情境。

那麼，究竟要如何相信充滿壓力的情況到頭來反而會對自己有好處？簡單的回答我已經在第六章詳細敘述過，因為我們就是宇宙的一部分，由於宇宙時時刻刻都希望盡可能地讓自己得到益處，正面積極的結果才是它唯一允許的結果。

我明白這對你來說可能得跨出很大一步，尤其是考慮到你之前的經歷；不過如果你想過著多數時候都沒有壓力的幸福生活，這就是你必須踏出的那一大步。唯有你將這個信念付諸實踐，才能真正認定它就是現實。你練習過一陣子也看到一些成果後就會明白，這一切都是真的。到那個時候，你就會開始經常面帶微笑了。

期望

「你不該為所見所聞感到驚訝……若你準備好接受事物原本的樣貌，就會如老朋友般歡迎它們。」

——鈴木俊隆禪師

你的期望讓你創造自己的世界，你如何回應現在則會影響未來。從現在到未來，你若想消除生活中的壓力，就要仰賴你的處世原則。如果你把相信每一個事件最終都對你有好處當成個人原則的一部分，壓力就絕對不會出現。我花了好幾個星期說服工作坊的學員接受這個真理，當他們最終開始信服，生活中大部分的壓力就消失了。許多過往生活幾乎被壓力毀掉的學員都說這是他們曾經收過最美好的禮物。

如果你掌控自己的想像力，就不可能感受到恐懼或壓力。你應該可以從這項訊息中獲得很大的安慰，因為你的想像力完全掌控在自己手中。如同你設想不好的結果時那樣，你也可以輕易想像美好的結果。接下來的例子會讓你明白我在說什麼。

讓我們假設，你和我住在一間喪失抵押品贖回權的房子裡。我們已經六個月沒有付房貸，被銀行取消我們的抵押品贖回權，所以下個月房子就要被法拍，之後就得搬出去，但是我們根本無處可去。這幾個月以來，我們深感焦慮和痛苦，所以每天唉聲嘆氣。現在，我們感受到的任何一絲不舒服，都是我們設想了不好的結果而引起的。

此刻，假設我們還不知道一件事，那就是阿嘉莎姨媽一年前過世了，留下一棟完全付清貸款的鄉間小屋給我們，而且還有大筆現金讓我們可以舒服地過完下半輩子。當我們聽到阿嘉莎姨媽的遺產後，突然間，我們會把想像力都用來創造一個幸福快樂的未來，也就是回到鄉下安適地過生活。我們再也不在乎房子即將喪失抵押品贖回權。我們出門慶祝了好幾天。

沒多久，阿嘉莎姨媽的律師來電，告訴我們事情搞錯了。阿嘉莎姨媽其實沒有把房子和現金留給我們，而是我們的姊妹。現在我們再次回到最初的情況，又開始想像非常糟糕的結果，我們甚至會因為失去阿嘉莎姨媽的房子和現金而哀怨不已。

整整一個星期，我們不停想著被丟到大街上無處可去時可能會發生的所有壞事。結果律師又來電了。原來是我們的姊妹超討厭阿嘉莎姨媽，根本不想繼承她的房子。她要我們收下房子和附帶的現金。我們又回到開心想像美好未來的模式。我們搬出喪失抵押品贖回權的房子，準備搬進鄉下的房子，結果發現它根本就是破爛社區裡不能住人的房子。

緊接著，律師第三度來電。遺囑竟然出了問題，以至於現金將被無限期扣押。我們從天堂掉入地獄，開始想像眼前即將出現天大的麻煩。隔天，我們竟然收到土地開發商的電話報價，對方想要開發這一整塊地區，因此願意出一大筆錢買下這間破房子。我們興高采烈，滿腦子想著麻煩終於要結束了。

好了，現在你看懂了。是什麼造成我們悲傷或快樂？是我們自己！

而且是透過發揮我們的想像力。我們就像漂浮在海面上的軟木塞，隨著事件的高低起伏而載浮載沉。不妨花點時間想一下，在我們想像的故事中，要是我們打從一開始就知道每一件事最終都會逢凶化吉，我們會有什麼感受，又會是什麼模樣？當你的處世原則奠基於宇宙真理，而且抱持著無論將會遭遇什麼事情，就算當下完全看不出來，最終都會對你有好處的心態時，你也會有這種感受。

你可能還記得，某些曾發生在你身上的事從開始就像極了壞事，甚至到現在看起來還是很糟糕，那很可能是因為你持續把發生的事看成「壞事」，因此你採取的行動就會帶來那樣的結果。現在反過來想還不遲。**改變你想像已經發生的事的角度，結果也會跟著逆轉。**

障礙

「霧裡不見富士山，雨中情趣別一番。」

——松尾芭蕉（Matsuo Basho），日本俳聖

想要透過強大且健康的處世原則在生活中創造幸福，也和我們如何看待障礙有關。所有你遇到的障礙都是為了讓你從中成長並且變得更堅強。俗話說「鍊條的強度取決於最薄弱的環節」，你強不強大也取決於自身最大的弱點。

我們能夠在自然界中看到這些定律發揮作用。母鳥把雛鳥推出巢外，雛鳥才能學會飛行；母鳥停止餵食，雛鳥就非得出去冒險。小獅群邊玩耍邊攻擊彼此，就算被攻擊的一方不想玩也不會停止，牠們長大後才知道如何為配偶而戰。在動物世界裡，適者生存是準則，離群脫隊和能力薄弱的動物會被逐出團體或直接滅口，只有最強壯的雄性動物才能與雌性動物交配。

動物國度的生活很艱難，但這就是讓動物們強壯有適應力的原因。實際上，可以存活到現在的一切人事物，都是因為其祖先或原始物種活下來了。因此，有時候你的生活環境這麼痛苦、難熬又困難，其中一個原因就是：

宇宙總是攻擊你最薄弱的環節，因為那就是你最需要加強的部分。

實際上，就是這個充滿愛的宇宙親手將挑戰交付給你，好讓你變得更強大。為了從這些障礙中獲得好處，請面對並克服它們，而不是就此放棄逃得遠遠的。

以下試舉一個例子。站在一群人面前談話或是和不認識的人碰面都是最常引起焦慮的原因，這種焦慮源自我們透過想像力先設想了糟糕的結果。舉例來說，有些人，包括演員，對鎮靜劑成癮，他們會說為了在公眾面前談話、演出或是參加大型會議，自己需要服用藥物。

他們其實不需要鎮靜劑，即使那是醫生開的處方藥。他們需要的是努力強化導致他們想像出糟糕結果的內在弱點。或許他們只需要不斷練習公開演說的技巧，這樣就可以熟能生巧，變得更有自信，最終就能克服自己的恐懼。不過，他們不想處理焦慮的真實原因，反而轉向求助藥物消除焦慮。他們服用藥物其實是在剝奪自己發展成強大的公眾演說家的機會。

那麼，究竟如何解決生活中的大小障礙呢？首先，體認到這種狀況或事件都帶有讓你獲得好處的目的。整個情境有可能看起來、感覺起來像是問題，而且似乎就是個問題，但那只是一種可能的觀點。一旦你學會把自己的問題看成「自我鍛鍊的情況」，它們就會展現出一種全新的面貌。我稱它們為「自我鍛鍊的情況」，因為它們不折不扣就是如此：這些都是你能夠「自我鍛鍊」，並且獲得力量與理解的情況。你這麼做之後，這個特定情境對你就沒有進一步的作用，因此會自動消失在你的生活中。

當然，如果你不付出努力，解脫和答案是不會降臨到你身上的，因為它需要你憑一己之力設法解決問題，然後從中獲得力量、智慧和知識。請明白，你追尋的目標並不是人生中最重要的事，即使你可能覺得就是如此。

道路本身才是最重要的。追求目標與尋找答案是引領你走向自己選擇的人生道路的關鍵，道路本身才是發現真理的地方，是你的命運顯化的地方，也是你的幸福所在的地方。

進步

「奇蹟不是在天上飛，也不是在水上漂，而是在地上走。」

——中國諺語

地球是探索和體驗的地方，你置身此處絕非偶然，閱讀這本書也絕非偶然。你是靈性生物，生在地球是為了要完善自己。從以前到現在，你生活中的問題和遭遇都是為了要成就目的。如果你沒有發現重要訊息就離開地球，你的人生就會像是開了三千二百公里去參觀大峽谷，然後把剩下的假期全花在飯店房間。如果你相信你的存在只是生與死，在這期間的一切事物不過只是為了生存，你的人生就會缺乏讓生命充滿活力、美妙和超然的魔力。

話說回來，你可能永遠不會真的偏離啟蒙之路，因為你踏上的這條路讓你領悟自己就是宇宙重要的一份子。啟蒙像是汪洋大海，我們的啟蒙之路則像是河流。每一條河流都不一樣，但最終都會流入海洋。無論我們在什麼時候做些什麼，也無論宇宙帶給我們幸福或不幸、得到或失去，我們全都走在自己的啟蒙之路上。即使當我們做了某一件自認為錯誤的事情，依舊是走在自己的啟蒙之路上。

你走在啟蒙之路取得的進步是快還是慢，全取決於你的體悟。如果你醉倒在路旁的排水溝裡，很可能你的進步是慢的。如果你刻意尋求啟蒙，便是在顯化你想探索自己和宇宙的關係的渴望，你自然會把自己所謂的問題當成學習機會，因此進步飛快，最終得到平安、成功、富足、好運、幸福。

九、治癒你的過去

「莫回憶過去。莫追逐未來。過去已消失。未來仍未到。於當下此刻。應觀照生命。」

——《勝妙獨處經》（*Bhaddekaratta Sutta*）

我們還沒有學會如何讓時光倒退，消除或改變過去的事件。然而，我們可以改變自己對過去事件的感受，這樣它們就不會在此時此刻折磨我們，也就是說，這樣它們就不會毀了「現在」。

我們大家從以前就背著許多有傷害力的包袱直到現在：輕蔑、刻意和我們唱反調、破碎的心、受傷的感情、被人欺騙、說謊、曾被背叛的記憶、為我們帶來痛苦的事件、錯失的機會、看似錯誤的選擇、丟失的物品、我們做過或沒做的事、讓我們痛苦或失去朋友的誤解、因為帶給他人傷害或痛苦或失望而深感遺憾的事……說也說不完。扛著過去有傷害力的包袱是一種毫無用處的負擔，如果少了它們，我們會好過很多。

治癒過去能讓你在此時此刻感到幸福。

那麼，要如何治癒過去？你可以透過全新的理解來照亮過去傷害你的事件。你可以放開心胸接受這個想法：過去所有發生在你身上的事，最終將會對你有好處。

運用你的記憶力，回溯自己小時候的過往，這個步驟對你的豐盛幸福至關重要，接著慢慢地往前推進，回想並重溫所有最關鍵的經歷，然後在每一個事件結束之際，你必須在心中和腦中將它導正回來。

這意味著你原諒因為過往對別人做過的事而悔不當初的自己，你原諒別人對你做過的事，你承認那些你認為對自己沒有好處的事情其實是正確的；更重要的是，你承認每個事件都對你有好處，或者是將來會對你有好處，即使它只是為了強化你的弱點，或是教導你一場必要的教訓，好讓你現在可以將它分享給這一刻正感到絕望與受傷的人。透過全新的理解去點亮過往事件是一種神奇的方法，可以將你感受到的傷害或遺憾轉變為坦然接受、平靜和幸福。

刻意為你的記憶提供新的訊息，會讓你對過往事件產生不一樣的感受，當你反思過去時，這會讓你感到幸福，而非傷痛。一旦你完成這一步，每一次這類事件再度浮現心頭，請用你全新的處世原則提醒自己，這個事件完完全全是為了你的好處而生。提醒自己不要為此難受，而是要承認它是當時發生在你和其他所有人身上最美好的事。我明白很難做到這件事，而且需要極大毅力，不過一旦你試過以後就會發現效果無比巨大。

如果你願意放下過去，讓自己脫離束縛，自由飛翔，你就能幸福。將所有包袱都放下的感覺真的非常棒，就像從一堆永遠不會再困擾你的問題中走出來。你可以預見自己做到這一步嗎？從一堆永遠不會再困擾你的問題中走出來？當所有沉重的包袱都被拋到大海裡，你就能展翅高飛，在溫柔的微風中輕如羽毛，在永恆的當下感到幸福。

當下這一刻

「當下這一刻是美妙的時刻。」

——一行禪師

聖人們紛紛強調，想要治癒過去並幸福生活的另一個關鍵就是活在「當下」。《易經》也告訴我們：君子以永恆的眼光看待和理解短暫（已逝）的事物。

我們想像無盡的未來在向前延伸，無盡的過去則在向後延伸；我們相信自己所在的「現在」這一刻，是將未來和過去區隔開來的微小隙縫。實際上，反過來也說得通。所有現在、過去、將來都是無盡的現在。難道不總是現在嗎？

有智慧的人明白以下真理：

現在這一刻就是一切存在。

當我們活在當下，就會把自身的意識與專注力持續放在眼前這一刻，正如禪鼓勵我們做的，**駕馭自己失控的想像**，不沉迷於過去，不擔心未來，**也不評論來來去去的各種事件**。正如稍早我們引述二十世紀知名的亞洲哲學詮釋權威艾倫．沃茲的說法：「禪就是……以此時此地為中心的狀態。」[7]

禪所強調的冥想正是針對這一點。冥想是一種讓我們保持在中心並專注當下的技巧。這種練習幫助我們以同樣集中和平衡的方式養成看待生活本質的習慣：**觀察而不回應，抵抗把事件看作壞事的衝動。**一行禪師說：「冥想不是逃避人生，而是為真正的入世做準備。」

艾倫．沃茲把這種生活在中心的做法和武術連結起來，「永遠保持在中心，永遠保持在原處。」他鼓勵我們：「如果你預期某件事以某種特定的方式出現，你會讓自己就定位準備面對它。然而要是它以另一種方式出現，到時你想重新定位自己的能量就太遲了。所以，保持在中心，如此一來你就可以準備好移向任何一個方位。」他還說：「當你活

7 Alan Watts, What Is Zen?, in Eastern Wisdom (New York: MJF Books, 2000), 55.

在自己的中心，活在當下這一刻，就有更高的機率能處理不可預期的事情，不用一直擔心。」[8]

你若想獲得冥想的好處，其實不必花太多時間或是搞得很複雜。如果你以前從來沒做過，我建議你從每天冥想五分鐘開始。進行此練習的最佳時間是早上剛起床的時段，不過你也可以在任何適合自己的時段進行。找一個舒服的姿勢，把脊椎打直，閉上雙眼，專注呼吸。

跟著呼吸吐納五分鐘。如果你發現在這五分鐘裡自己開始想東想西，無法專注在呼吸，輕柔地把自己拉回來專注呼吸。你所追求的是放鬆五分鐘，輕鬆地聚焦自己的呼吸。

呼、吸、呼、吸、呼、吸。

---

8 Ibid., 53, 52.

寶誌禪師在總結這種專注練習的重要性時，簡單地說：「心不生於所緣，所行之處即是覺悟處。」

十、宇宙的語言

「同於道者，道亦樂得之。」

——《道德經》

學會相信宇宙是活生生、有意識、有知覺（尤其是覺察到每一個人）的，將會改變你的生活體驗。它會讓你發現自己處在全新的世界，而且只要還生活在地球上，你就會感到愉快，進而改變你和宇宙的關係。

宇宙不僅覺察到我們，也會和我們交流。我們不斷以自己的文字、思想、行動和宇宙交流，宇宙則以事件回應我們。

事件就是宇宙的語言。

在那些事件中，最明顯的就是我們經常說的巧合。我們正好想起某個人，電話就響了，就是那個人打來的。我們正試著找到某個地址被我們弄丟的對象，然後就遇到一名朋友對我們說：「你猜昨天我遇到誰了？」甚至當你問起朋友看到誰，對方竟然說出你在找的人的名字，還很快就把那個人的地址和電話給你了。

我認識一對伴侶住在夏威夷的偏遠地區。通往他們家的路非得是四輪傳動系統的車才開得上去，而且光是從大馬路開到他們家就得花上兩小時。他們迫切需要一輛四輪傳動系統的廂型車。他們對著彼此講起有多需要那輛夢寐以求的廂型車，但是全島只有一輛，而且不對外販售；就算對外販售，他們也買不起。他們唯一的資產是一小塊位於美國蒙大拿州偏鄉地區的土地，價值一萬美元。他們談話結束後，妻子默默地補充，要是她夢寐以求的廂型車是白色，還有一套很棒的立體音響系統，那就太好了。

兩個星期後，一輛完全符合他們需求的白色廂型車駛近他們的房子。駕駛說自己迷路了。她對他們說，她開著這輛車登島原本是想留下來，但現在她改變心意打算離開了。妻子說：「那就太好了，因為妳正好開著我的廂型車呢。」這名女性收下這對伴侶在蒙大拿州擁有的土地當作車款，另外又付了他們一些現金。果不其然，這輛廂型車還附帶一套特殊的立體音響系統。

這是巧合嗎？

並不是。這是來自宇宙的交流。它就是所謂的宇宙事件，而且**隨時隨地發生在我們所有人身上**。來自宇宙的交流從未間斷，儘管有些交流比其他交流更明顯。多數時候，我們沒有意識到這些交流，或者我們只是把它們當作是好運當頭或造化弄人；我們因此錯失真正千載難逢的機會。當我們意識到這類事件時，只要承認宇宙的存在，它就會帶來更多明顯的交流。

和宇宙建立起這種交流關係的重要性無與倫比。這個訊息和宇宙是活生生有知覺的，在我這輩子累積的少數訊息中名列前茅。

這就好像和兩歲小孩走在一起，你相信彼此絕對不可能展開認真的對話。由於你已經認定小孩聽不懂你的話，就算你可以提供對小孩來說極有幫助的重要訊息，你也不會這麼做。突然間，小孩抬頭問你相不相信動物會思考。就在那一刻，全新的世界被打開了，你開始和小孩聊起對雙方來說都有收穫的話題。

你和宇宙同行時也一樣。當宇宙意識到你已經察覺到它以及它的語言（事件），交流的品質與數量就會增加。你會接收到龐大的幫助與訊息，甚至就連來自宇宙最微不足道的幫助，對你的生活也會產生重大意義。

要如何承認這些交流？只需要發出會心的微笑，輕輕點個頭，並且在內心說聲「謝謝」就好；再不然，如果你屬於情感比較外放的人，熱情吶喊外加大聲歡呼也行。一旦你身體力行承認宇宙這件事，除了會得到強烈的滿足感，還會越來越明顯意識到自己和宇宙之間的親密關係。那是一種安慰、喜悅和莫大的祝福。

祕密和微笑

「絕對不要說『我辦不到』，因為你的潛能無限。和你的本性相比，時間和空間都微不足道。你可以做到任何一件事。」

——斯瓦米・維韋卡南達，印度精神領袖

本書第一章開頭的那句「快樂起來」指的是：無論何時，只要你能做選擇，就要選擇快樂。這裡說的不是無意識的快樂，而是有意識的幸福，因為它奠基於「發生的任何事都會為你帶來好處，而且是天大的好處」這個信念。

大部分時候，我們只是單純地回應生活，從沒有花時間選擇我們思考或感受特定事件或情況的方式，因為做選擇需要付出努力。我們的心智需要刻意練習：暫停下來，反思情況，記住快樂的目標，考慮其他選項，並且選擇對任何情況感到幸福，因為我們知道這終究會對我們有好處。

當情況會帶來傷害或奪走某些東西，或者似乎即將發生不幸的事件時，最艱難的部分就來了。在那個當下，選擇讓自己幸福或許看起來不可能辦到，但是許多人都學會了這麼做，而且他們都會告訴你，最終結果值得你付出任何必要的努力。

你可以辦到。

那些選擇幸福的人帶著微小的笑容穿梭各處，他們看起來好像懷抱著祕密，沉思祕密讓他們感到快樂。微笑有可能只出現在他們的腦海中，但確實就在那裡。無論發生什麼事，光是知道那個祕密就足以讓人保持微笑。就好比你在散步途中掉了一百美元，但是你知道自己的銀行戶頭還有幾百萬美元，在你知道自己還有幾百萬美元的前提下，損失一百美元根本無關緊要。這筆損失並不會降低你的幸福感；事實上，意識到損失並沒有降低你的幸福感，這件事本身就能讓你感到幸福，因為你知道自己不會再被類似事件困擾了。

一旦這個祕密就定位了，你會發現自己開始欣賞生活中的小事：你會停下腳步欣賞麻雀、日落、微風吹拂樹葉或是某人的美麗秀髮。你會比以往更享受淋浴、散步、與朋友聊天，或只是坐著思考宇宙的奧妙。你會停止聚焦對幸福有害的事，比如發生在遙遠的地方，不可能對你產生影響的不快事件；新聞中的負面訊息；或是曾困擾你但現在無關緊要的事，因為你明白了自己心中的祕密，這些事再也無法得到你的關注。

感覺一切事情都不對勁、壞事即將發生、有可能搞砸、可能不夠厲害、不夠強壯、不夠聰明或是擁有太少等無止境的煩惱都會消失。所有質疑都會被以下的信心所取代：

你，身為宇宙的一部分，被當成珍寶一般好好地呵護著，因為你的確很珍貴。

當然，你生來是就要學習。當然，你會得到諸多教訓。當然，眼前有傷痛和心碎。當然，不可避免的不幸也會發生。不過你會以全新的眼光看待它們。腳趾踢傷了、皮夾掉了或是飯碗丟了，都不再是生氣或痛苦的理由，因為你知道自己正被充滿慈愛和關懷的宇宙照顧著。你將會看穿不幸的偽裝，到達真相的核心，這些事件發生僅僅是為了讓你獲得好處，而且是天大的好處。當真實的幸福來敲門，那種興奮、歡笑、喜悅的幸福不會隨著時間流逝而消散，而是變得越來越滿足。

這就是你開始明白宇宙偉大真理的方式：「發生在我身上的一切都是必然發生的事，這樣一來我才能從中得到最大的好處。」

宇宙的偉大承諾

「觀照自身。」

——聖一（Shoitsu）國師，日本臨濟宗僧

現在，你讀完了這本書，擁有過人的智慧。但除非你實際運用，否則它對你沒有太多價值。請謹記，禪意味著以特定的專注力和心智意識做任何事情。

集中心智、聚焦注意力在宇宙的偉大承諾，然後對自己說：

「發生在我身上的一切都是必然發生的事，這樣一來我才能從中得到最大的好處。」

或者簡短的版本：

「這對我有好處。」

讓自己心懷期待和興奮這樣想：

「這會帶來什麼好處？」

照著宇宙的承諾來看待正在發生的事件，你會發現自己生活在一個比你想像更奇妙、更美好的世界裡，而且你會實現豐盛幸福的目標。

不要從最困難的環節開始，好比嬰兒猝死、失去親人的悲痛、希特勒、九一一恐怖攻擊事件。請從小事開始。當你踢到腳趾頭，請說：「謝謝你，我踢傷的腳趾頭。這裡正好是需要解放的穴位。現在我會擁有更多精力！」如果你撞到頭，請說：「哎喲，我撞到頭了！我得記住要小心，而且要專注當下。謝謝提醒我。」從這類小事開始練習，那些看起來不可能做到的事很快就會變得輕而易舉了。

最後，謝謝你陪我度過這一段時光。我感謝你付出非凡的努力。我敬重你在邁向啟蒙的道路上堅持不懈。請接受我為你的偉大精神、勇者之心以及探索存在真相的努力而鞠躬。願你成就偉業，願你一生幸福，也願你乘著六龍之翼攀上幸福天空！

致謝

我由衷感激自費出版商「出版教練」（PublishingCoaches.com）總裁奈傑．約沃斯（Nigel J. Yorwerth）和編輯派翠西亞．斯巴達羅（Patricia Spadaro）貢獻非凡努力，協助形塑這部作品，並在本書的所有階段都提供指導。派翠西亞對素材的專業組織能力強大，頗富啟發效果的編輯和修潤功力則是捕捉到這部作品的精神，讓我獲益良多。我感謝奈傑打造一支出色的出版團隊，堅定不移地推廣我的作品，協助我暢銷發行，並向國外出版社展售我的作品。

我也想要感謝羅傑．蓋佛特（Roger Gefvert）讓人讚嘆的細緻內頁設計、妮塔．伊芭拉（Nita Ybarra）的巧妙封面，以及數位行銷商「媒體作品」（Media Works）的共同創辦人瑪莎．朗娜（Martha Lonner）和藝術總監凱西．蘭格（Kathy Lange）在製版與生產階段付出耐性與技巧。

高寶書版集團
gobooks.com.tw

NW 274
你想要的一切，宇宙早已為你預備
Zen and the Art of Happiness
作　　者　克里斯・普倫提斯（Chris Prentiss）
譯　　者　周玉文
責任編輯　林子鈺
封面設計　林政嘉
內頁排版　賴姵均
企　　劃　鍾惠鈞

發 行 人　朱凱蕾
出　　版　英屬維京群島商高寶國際有限公司台灣分公司
　　　　　Global Group Holdings, Ltd.
地　　址　台北市內湖區洲子街88號3樓
網　　址　gobooks.com.tw
電　　話　(02) 27992788
電　　郵　readers@gobooks.com.tw（讀者服務部）
傳　　真　出版部(02) 27990909　行銷部 (02) 27993088
郵政劃撥　19394552
戶　　名　英屬維京群島商高寶國際有限公司台灣分公司
發　　行　英屬維京群島商高寶國際有限公司台灣分公司
初　　版　2023年10月

國家圖書館出版品預行編目(CIP)資料

你想要的一切,宇宙早已為你預備/克里斯.普倫提斯(Chris Prentiss)著；周玉文譯. -- 初版. -- 臺北市：英屬維京群島商高寶國際有限公司臺灣分公司, 2023.10
面；　公分. --（新視野274）
譯自：Zen and the art of happiness.

ISBN 978-986-506-828-8(平裝)

1.CST: 禪宗

226.65　　112014893

GOBOOKS
& SITAK
GROUP©